見るだけで楽しめる！

おにぎりの文化史

おにぎりはじめて物語

横浜市歴史博物館 監修

河出書房新社

第2章　おにぎり今昔物語

第3章　はじめてのおにぎり

第4章　おにぎりが握れない!?

EPILOGUE

はじめに

横浜市歴史博物館では、二〇一四年の秋に、企画展「大おにぎり展――出土資料からみた穀物の歴史」（会期：二〇一四年一〇月一一日～一一月二四日）を開催した。この企画展は、「おにぎり」を切り口にして、最新の植物考古学研究の成果を展示しようとする試みであった。

本書は、基本的には展示図録に基づいているが、より一層「おにぎりの歴史」に焦点を当てた内容として、一部に書き下ろしを加えて再構成したものである。

第一章では、出発点として現代のおにぎりの姿を紹介する。新たな具材や作り方なども登場しているが、実は地域や家庭でのおにぎりは均質化しつつある。

第二章では、おにぎりの歴史を、文献や絵図から探っていく。実はおにぎりについての情報は意外なほど少ない。だが、日常的な食べ物であるからこそ記録が残されなかった可能性もある。

第三章では、遺跡から出土する炭化米塊から、おにぎりの起源に迫る。企画展ではメインパートであり、本書でも中心となる部分である。一見するとただの真っ黒な塊にしかみえない炭化米塊から、詳細な観察やさまざまな分析によって情報を引き出していく。

第四章では、おにぎりとも深く関わるコメの調理方法の変化について取り上げる。コメの種類と炊飯方法、調理道具、食器と食べ方は、互いに密接に関連して変化してきた。おにぎりも、こうした米食の歴史の中で生まれたのである。

おにぎりは、日常のありふれた食べ物である。しかし、そんな「当たり前」の存在にもそれぞれの歴史がある。

本書を通じて、そうした日常の生活や文化の歴史を掘り起こす楽しさを感じていただければ幸いである。

横浜市歴史博物館館長　鈴木　靖民

●本書は、横浜市歴史博物館が2014年10月11日から11月24日にかけて開催した企画展「大おにぎり展—出土資料からみた穀物の歴史」の展示内容を元に、新たな書き下ろしなどを加えて、書籍として構成したものです。

●本書の執筆は、記名原稿を除き、高橋健が行いました。

●本書に収録されている図版・写真は企画展において展示されたもの並びに展示解説図録に掲載されているものと異なるものも含みます。また、実際の企画展における展示資料・構成は本書の内容と同一ではありません。

●資料についてのキャプションには、所蔵者または写真提供者の後に、展示解説図録の図版番号を記載しました。

●本書掲載の資料名は、所蔵者・保管先・報告者などが使用する名称と異なるものがあります。

●本文における典拠は該当箇所に（ ）を付して、著者姓と西暦発行年を記しました。巻末の参考文献リストで、論文名、雑誌名、発行所などの書誌情報が明示されています。

序章◉おにぎりをさがす旅へ

おにぎりってなんだろう？

日本人が昔ほどお米を食べなくなり、「コメ離れ」と言われて久しい。でも、不思議とおにぎりだけは別格のようだ。コンビニの棚はいつもさまざまなおにぎりでいっぱいだし、おにぎり専門店も人気だ。お弁当や夜食などにおにぎりを手作りする人も多いだろう。

現代日本では、家庭の手作りおにぎりからコンビニおにぎりまで、いろいろなおにぎりが作られている。「おにぎり」は、日本を代表する食の一つと言ってもいい。

ところで、おにぎりとはなんだろうか？

あまりに身近な存在で、手にしようと思えば、すぐ作ったり買ったりできるから、深く考えたことのある人は少ないかもしれない。

ご飯を握ればおにぎりだろうか？

では、どんな形に握るのだろう？——丸、三角、俵形？ 丸といっても完全な球形から短い円柱のようなものまで。まれに円錐状のものも存在するという。近年ブームになったおにぎらずのようにご飯を軽く押すだけのものもある。

そして、塩味をつけて塩むすびにするか、梅干、鮭《さけ》、ツナマヨ、おかか、たらこなどの具を入れるか。

表面はどうしよう？ 海苔《のり》を巻くとかゴマを振るとか、ふりかけをまぶす人もいるし、さっと炙《あぶ》れば焼きおにぎりだ。高菜などでくるむものもあるし、ベーコンなどで巻くものもある。

握るためのご飯だって、白米、赤飯、おこわとさまざまだ。混ぜご飯だって、握った瞬間からおにぎりになる。

そもそもおにぎりという言葉だって、おむすびと言う人もいれば、握り飯と言う人もいる。地域によっては「おにぎり」と「おむすび」を使い分けている場合もある。

このようにみていくと、おにぎりのバリエーションは実に豊富だ。

この本ではそんなおにぎりの歴史をたどっていく。昔の人はどんなおにぎりを食べたのだろうか？

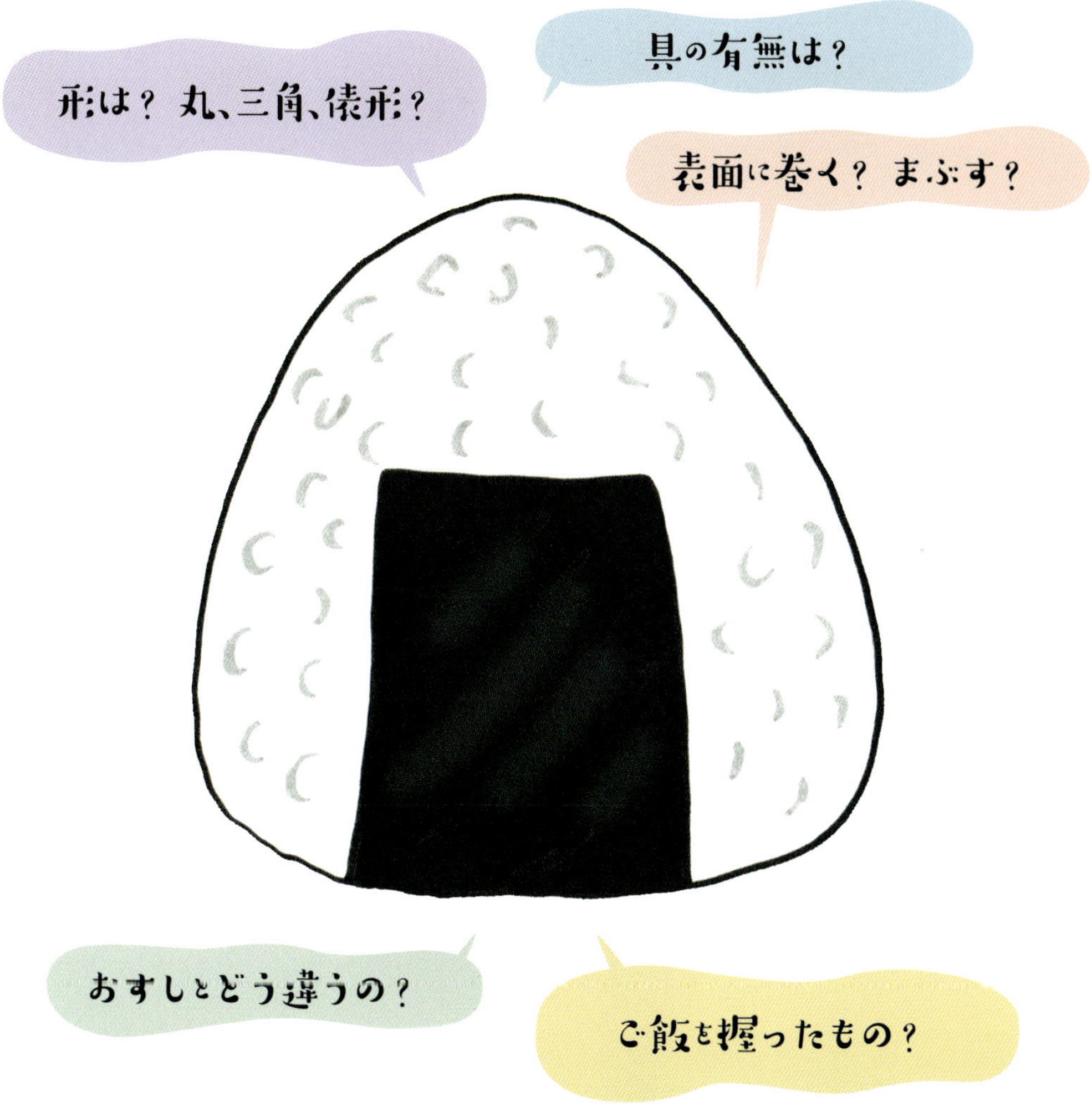
形は？　丸、三角、俵形？
具の有無は？
表面に巻く？　まぶす？
おすしとどう違うの？
ご飯を握ったもの？

これはおにぎり？それとも？

おにぎりは三角形、海苔なし

初代歌川広重『東海道五十三次細見図会　藤沢』から、おにぎりを食べている人たち。>>>P41

国立国会図書館蔵　57-1

三角形のおにぎり

戦前の教科書『小学国語読本』から、サルとカニが柿の種とおにぎりを交換！ >>>P32

横浜市歴史博物館蔵　63-1b

おにぎりは丸形？

江戸時代の観光案内『江戸名所図会』に描かれた、食事中の家族。>>>P42

横浜市歴史博物館蔵　61-2

昔の絵巻や書物の挿し絵には、おにぎりらしきものが描かれていることがある。戦国時代の城跡や古代の住居跡などからは、おにぎりのようなものが焼け焦げた塊《かたまり》（炭化米塊《たんかまいかい》）となって出てくることもある。

だが、一見おにぎりのようにみえても「おにぎりだ！」と断定できないものも多い。絵の場合、おにぎりなのかほかの食べ物なのか、判断がつかないことがある。出土遺物の場合、調理されていない籾《もみ》や玄米・精米が焼けて塊になることもあるし、「おにぎり」ではないご飯の塊の可能性もある。

「おにぎりの特徴とはなにか？」を考えながら、おにぎりの歴史へアプローチしていこう。

籾殻が残っているので、
おにぎりじゃない！

伏見城下の大名屋敷跡から見つかった、焼けたご飯の塊。1600年頃のものと思われ、おにぎりの可能性もある。>>>P51

（公財）京都市埋蔵文化財研究所蔵　37-2

富山県の小出城から出土した戦国時代の籾の塊。>>>P50

富山市教育委員会蔵　36-2

室町時代の『酒飯論絵巻』に描かれた、おにぎりを握る男性。>>>P44

国立国会図書館蔵　59-3

楕円形の
大形おにぎり！

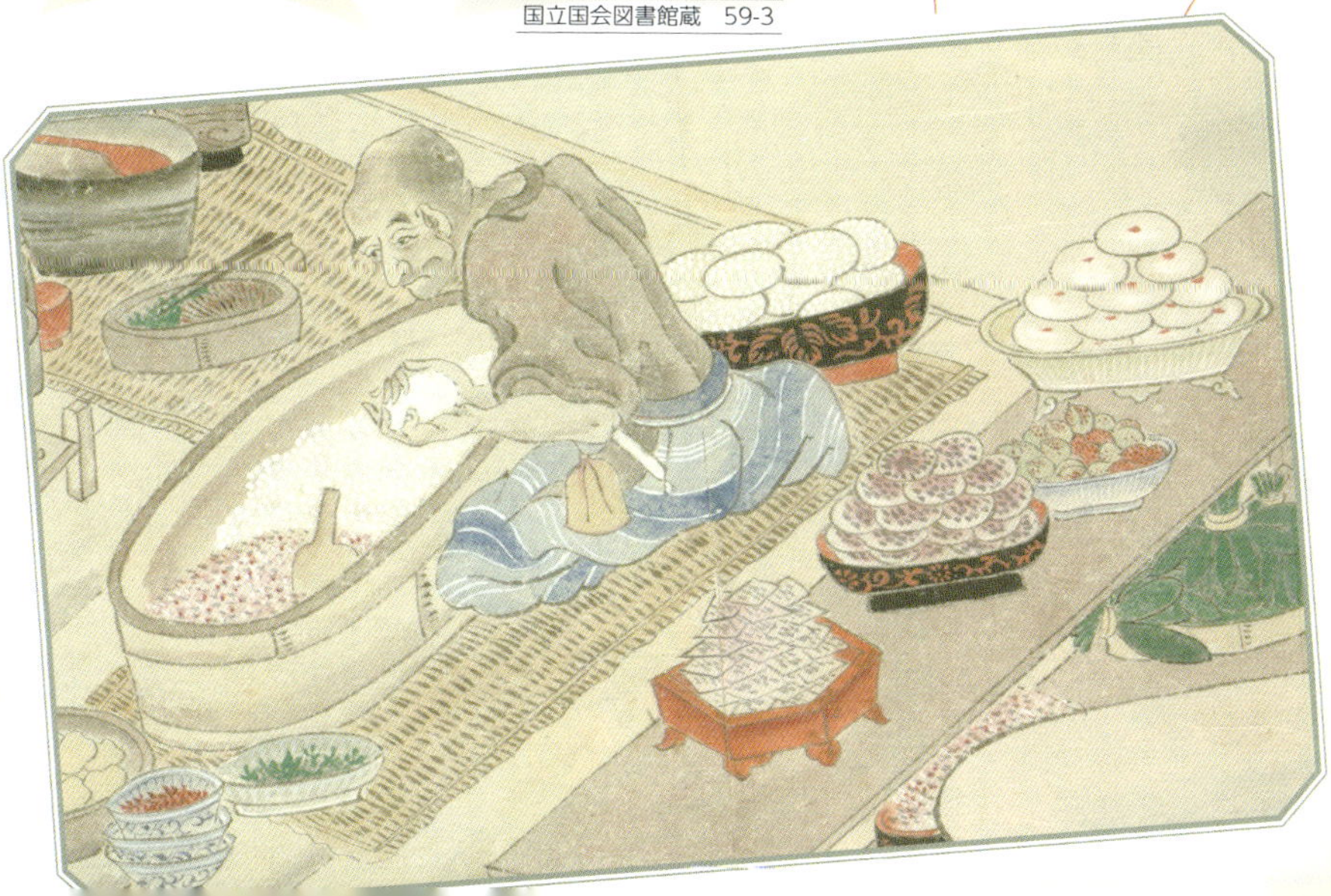

中世の遺跡から出土した炭化おにぎり（復元）。取り上げたときに割れてしまったが、なんと中から…。>>>P55

横浜市歴史博物館蔵

おにぎりの具にお金？

古墳時代のおにぎりだ！

古墳時代後期の住居跡からみつかった炭化米の塊を復元。>>>P68

（公財）横浜市ふるさと歴史財団埋蔵文化財センター蔵　19-1

おにぎりの中に針のような金属片！

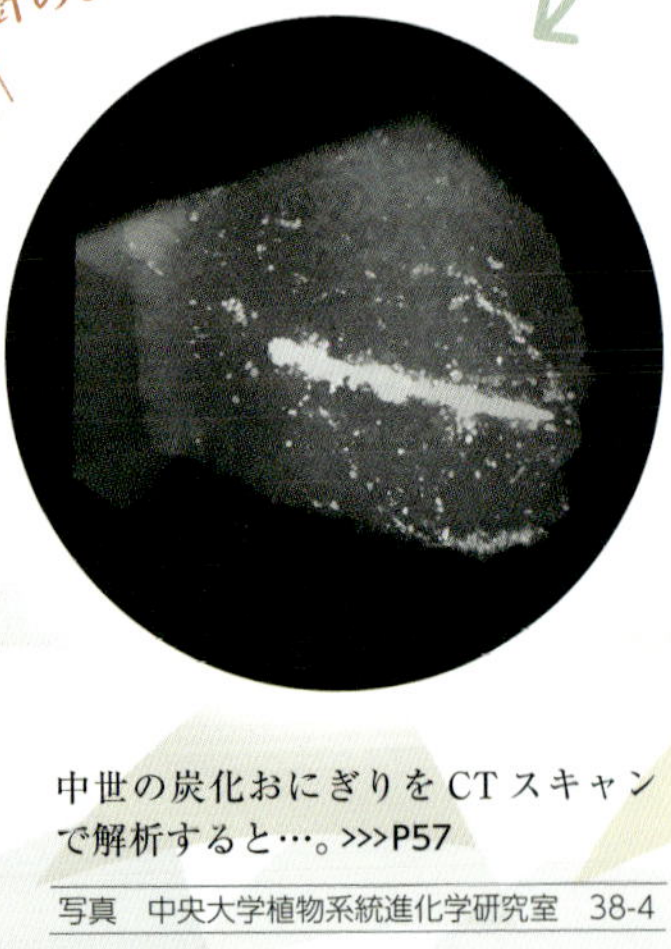

中世の炭化おにぎりをCTスキャンで解析すると…。>>>P57

写真　中央大学植物系統進化学研究室　38-4

籾摺り前の
籾の塊でした…

弥生時代中期後半の住居跡からみつかった楕円形の炭化籾塊。>>>P61

神奈川県教育委員会蔵　31-1

日本最古の
おにぎり!?

弥生時代中期末の遺跡から出土した炭化米塊。
調理されたご飯が葉に包まれていた？ >>>P63

石川県埋蔵文化財センター蔵　31-2

おにぎりを
突き詰めると、
お米に行き着く!?

古墳時代の炊飯方法で調理したコメ。>>>P104

弥生時代の炊飯方法にチャレンジ。>>>P92

おにぎりへのアプローチ

塊の観察
・肉眼による観察
・X線CTスキャン etc.
調理方法の研究
・土器使用痕の観察
・民族例の調査 etc.
実験考古学
文献や絵図の情報
米粒の分析
・顕微鏡による観察
・DNA分析 etc.

私たちが思い浮かべる「おにぎり／おむすび」はいつから現れるのだろう？　おにぎりの歴史へアプローチするにはいくつかの方法がある。

文献や絵図に登場するおにぎりの歴史を調べることも大切だが、文字に残されていない歴史を探るには、考古学の方法が欠かせない。遺跡からみつかる黒焦げの米の塊（炭化米塊）を、肉眼だけでなく、最新の機材も使って観察してみよう。DNA分析によるコメの品種の研究や、土器のススコゲから炊飯方法の変化を探る研究もある。コメ文化圏の炊飯方法を調べた民族考古学の成果も参考となる。実際に土器でご飯を炊いてみる実験考古学的なアプローチも欠かせない。

一見地味な黒焦げの遺物からみえてくる歴史をお楽しみいただきたい。

第1章◎進化するおにぎり

おにぎりの最新形態

二〇一四年から一五年にかけて、インターネットの投稿レシピサイトで「おにぎらず」が突如ブームになった。サイトには各人が工夫をこらしたレシピがつぎつぎとアップされ、あとを追うようにレシピ集もぞくぞくと出版された。

「おにぎらず」とは、海苔一枚の上にご飯を広げてのせ、そこに具材を置き、四隅からご飯ごと、海苔をたたむように四角く折って作る、文字通りの「にぎらないおにぎり」だ。

ご飯をのせるだけで握らないので簡単にできる。おにぎりのようにご飯をさます必要がなく、忙しいときにも手間がかからない。食べるときも持ちやすく、子どもでもぽろぽろとこぼすことがない——などが人気の理由となった。

「おにぎらず」はすでに一九九一年にグルメマンガ『クッキングパパ』（うえやまとち・講談社）で紹介されているが、それが投稿レシピサイトによってリバイバルした格好だ。断面をカットしてみせることで彩りを添え、ＳＮＳなどに投稿したくなる「インスタ映《ば》え」（写真映え）するご飯ものとなった。

その後も、ラップにご飯を載せ、巻き寿司を作る要領でスティック状に巻いた「スティックおにぎり」などが登場している。

簡単・便利な携行食としてのおにぎりに、形状や具材など、一工夫を加えたことがブームになったゆえんだろう。

これらの具材は実に多彩である。「おにぎらず」の投稿レシピをみると、ハムやソーセージ、焼き肉、卵焼き、レタス、アスパラガスなど、従来、おにぎりの具材にはなりにくかったようなものまでが用いられ、人気となっている。

いろいろなものを包むおにぎり

「おにぎらず」に限らず、おにぎりはいろいろなものを包み込んできた。

例えば、大手コンビニエンスチェーンが一九八三年に発売したツナマヨネーズ（マグロなどの油漬けをマヨネーズで和えたもの）のおにぎりは、弁当・おにぎりの開発担当者が、自分の息子がご飯にマヨネーズをかけて食べるのをみたことがきっかけになったという。ご飯とマヨネーズ

さまざまなおにぎり

おにぎらず

あつあつのご飯でも簡単にできる、と一大ブームに。

スティックおにぎり

ラップでくるんで簡単に作れて、持ちやすい、と話題に。

悪魔のおにぎり

天かすなどを用いたもの。コンビニ発の新商品がきっかけ。

の相性に目をつけ、ツナを具材にしたこの商品は、半年足らずで同コンビニのおにぎりの売り上げトップとなり、現在も人気定番商品だ。

また、エビの天ぷらを具材とする、愛知県の天むすは一九五〇年代に三重県津市の天ぷら屋のまかない（従業員用の食事）として登場した。忙しいときにも手早く食べられるようにと、おむすびにしたという。やがて、名古屋市の店舗で販売されて人気を呼び、現在では名古屋名物として定着した。

一九八六年に当時の食糧庁が選定した「ふるさとおにぎり百選」は、単なる伝統食の紹介ではなく、コメをベースにした新たなアイディア料理のヒントにしてもらおうというねらいがあった。現在でも、地域の特産物を具材とした「ご当地おにぎり」など、同様の取り組みがさまざまな形で行われている。

おにぎりは時代と共に進化していく。新たな具材が見出され、それが定番や名物として定着し、さらにまた新たな具材に基づくおにぎりが登場する。コメとの相性がよければ、具としてなんでも入れられることが、おにぎりを進化させる原動力となっているのだろう。

おにぎり？おむすび？

　おにぎりとおむすび、あなたはどちらの呼び名を使うだろうか？「西日本ではおにぎりで、東日本ではおむすび」とか、「おにぎりは三角形で、おむすびは俵形」など、さまざまな説を聞いたことがある人もいるかもしれない。

　日本各地の食生活を聞き書きで収集した『日本の食生活全集』（農山漁村文化協会）などから一九八〇年代頃までのおにぎりに関する記述を調べた研究（小田二〇〇五）をみてみると、たしかに地域的な違いはみられるが、単純に東と西で分かれるものではなさそうだ（二一ページ、図参照）。

　そもそもおにぎりの個性を見出すことは、なかなか容易ではない。

　一九七〇年代後半、全国のおにぎりを取材した生内玲子さんによれば、おにぎりはある狭い地域だけのしきたりが色濃く残っているものではあったが、〈一般には家庭内のごく内輪のもの〉であり、はっきりしたルールがあるわけではなく、それぞれの家によって多少の違いがあり、〈時には、ヨメの出身地のしきたり〉を反映していることもあったという（生内一九七九）。

　また、当時おにぎりはほとんど商品化されておらず、寿司ほど晴れがましいものではないうえに、ほとんどがうちうちで食べられるものだったために、情報が少なかった。「このはごく当たり前のだよ。珍しいおむすびなんてみたことないね、今はスーパーにいろいろあるけどね」といったそっけない答えが返ってくることが多かったという。

　日常茶飯事に、なんとなくしきたり通りにやってきただけで、ほかと情報交換する必要もなかったからだろうと、生内さんは書いている。

地域で違う、おにぎり

　しかしながら、小田、生内両氏の記述からは以下のように、その土地の個性がうかがえるものもある。

「のり巻き」を、寿司の太巻き・細巻きではなく、海苔を巻いたものを指す言葉として使っていたり（関東地方、伊豆地方）、握り飯の一種を指して「朴葉《ほおば》めし」（中部〜近畿地方）、「めはりずし」（近畿地方）と呼んだりした。

　また、千葉県館山市では、同じ握

おにぎりの呼び方

～1980年代

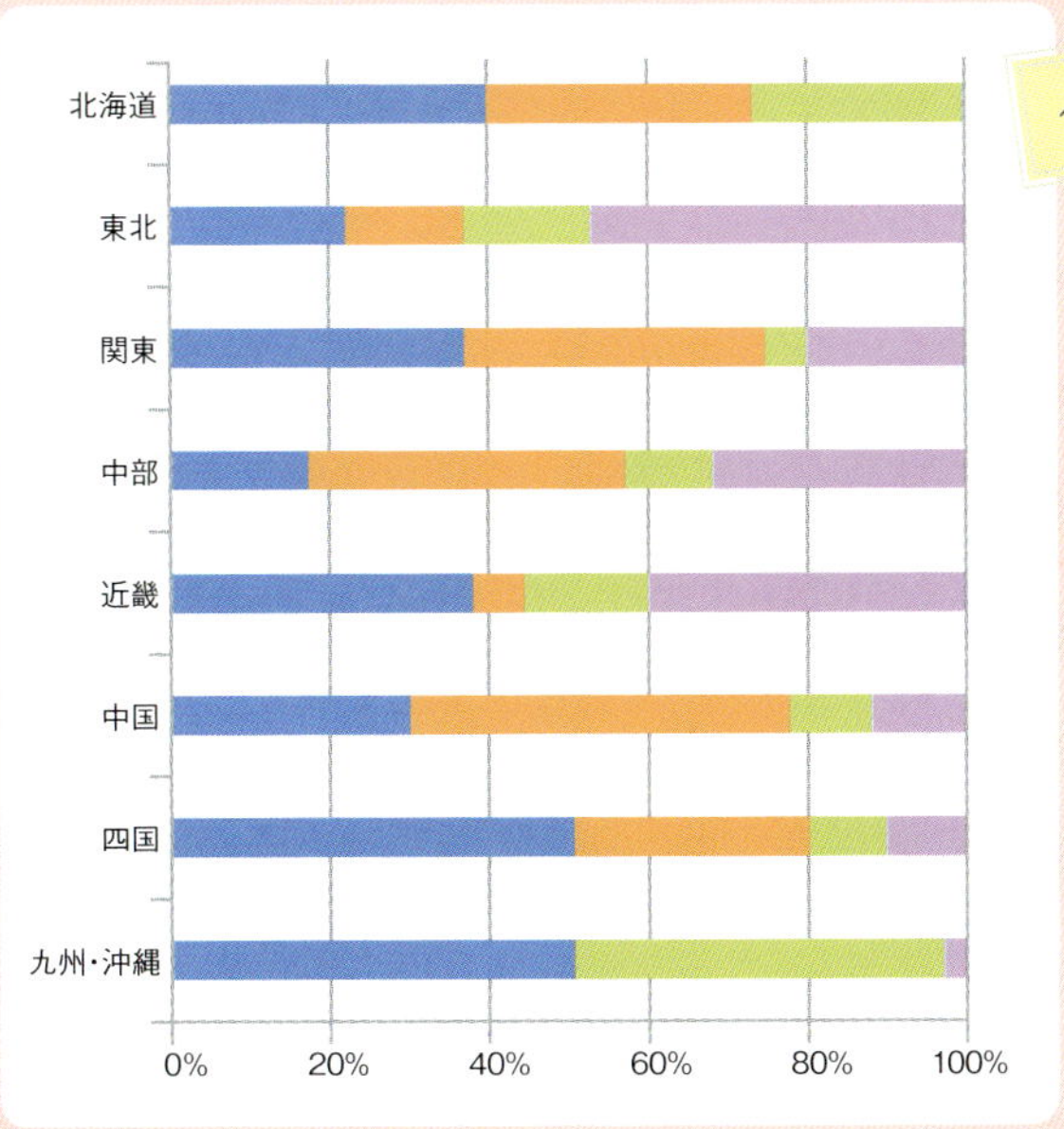

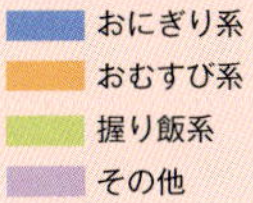

2003年

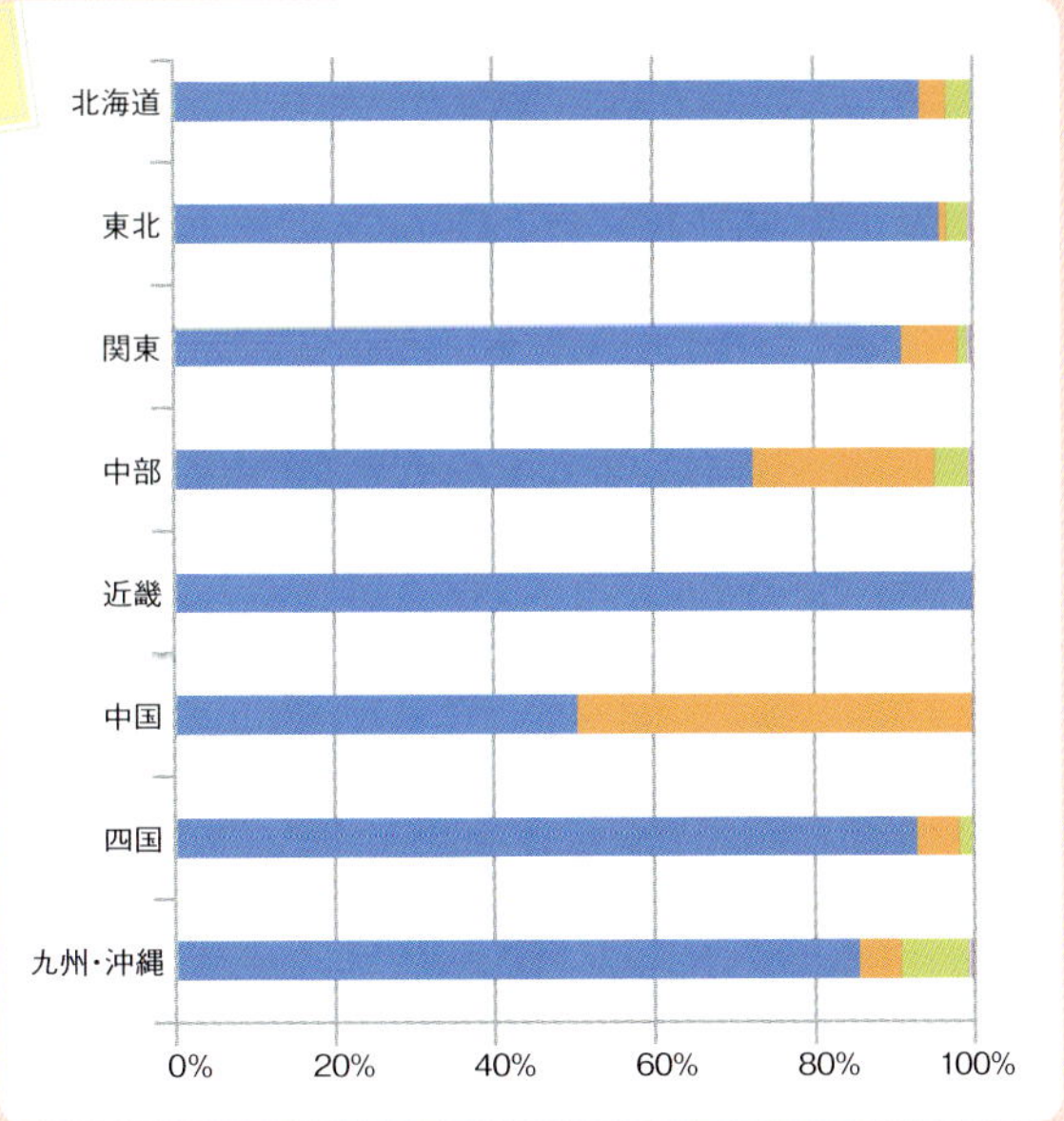

一九八〇年代までは、「おにぎり」が約30％でもっとも多く、「おむすび」は約25％でこれに次ぐ。地域差はあるが、「握り飯」その他も含めて多様である。二〇〇三年では中国で「おにぎり」と「おむすび」が拮抗しているほかは、「おにぎり」の呼び方が一般的となっている。

『日本の食生活全集』（農山漁村文化協会）などによる1980年代頃までのおにぎりの記述と、2003年に全国の高校・大学生を対象に行われたアンケート調査を比較したもの（23ページも）。小田2005・2006を元に作成。

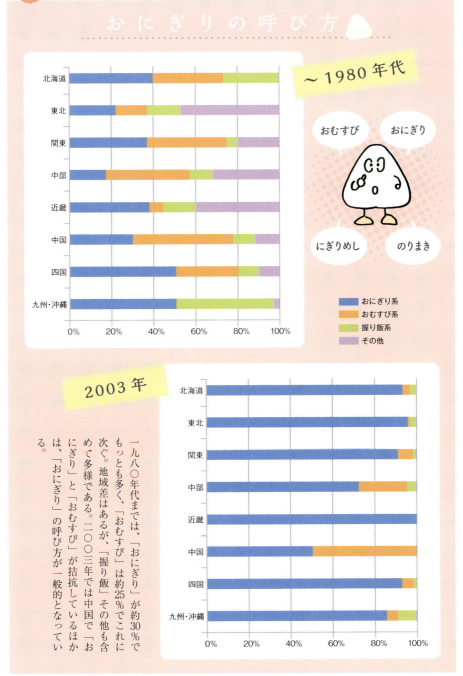

り飯でも、俵形のものを「おにぎり」、三角形のものを「おむすび」と呼び、二つの言葉を使い分けていた。

　おにぎりの形についても、近畿・四国で俵形が目立つなどの違いはあるが、どの地域でもいろいろな形のものが作られていた。

　日常作るものと、特別な日に作るものとで形を変えている場合もあり、普段は丸形に握っているが、漁港で荷揚げするときは食べやすい三角形に握る（北海道）、普段は三角形だが、葬式など不幸な出来事があったときに限り丸く握る（東京・大島）、葬式のときは三角形に、火事の際の炊き出しには必ず丸形に握る（神奈川県厚木市）という例もみられた。

全国均質化の傾向も

　一方で、おにぎりの均質化も進んでいる。一九七〇年代後半から大手コンビニエンスチェーンでもおにぎりを取り扱うようになった。海苔のパリパリ感を楽しむためのラッピングの工夫や、前述したツナマヨのような新しい具材の開発など、コンビニ発の新しいおにぎりも生み出されている。

　しかし、全国チェーンで展開するコンビニおにぎりの普及によって、呼び名や形の地域差はなくなってきているようだ。二〇〇三年に全国の高校・大学生を対象に行われたアンケート調査によれば、全国的に「おにぎり・三角形」が主流になっていることがわかる（二三ページ参照）。かつてのような地域差は薄れ、地域や家庭の伝統的な「おにぎり」は姿を消しつつあるのかもしれない。

どんなおにぎりを食べてますか？

>>> おにぎりに入れる具は？

1位　梅干（1151）
2位　鮭（956）
3位　昆布（746）
4位　たらこ（551）
5位　ツナ（464）
6位　明太子（418）
7位　おかか（187）
以下、ふりかけ、そぼろ、すじこなど。

>>> 具の入れ方は？

1位　まんなか（1321）
2位　混ぜ込む（518）
3位　まぶす（92）

>>> 外側につけるものは？

1位　のり（1257）
2位　なにもつけない（344）
3位　ごま（215）
4位　とろろ昆布（72）
5位　高菜（48）
以下、ふりかけ、味噌など。

全国の高校・大学生を対象に行われたアンケート調査（2003年・回答1386件）の結果より。小田2006による。

おにぎりの形

～1980年代

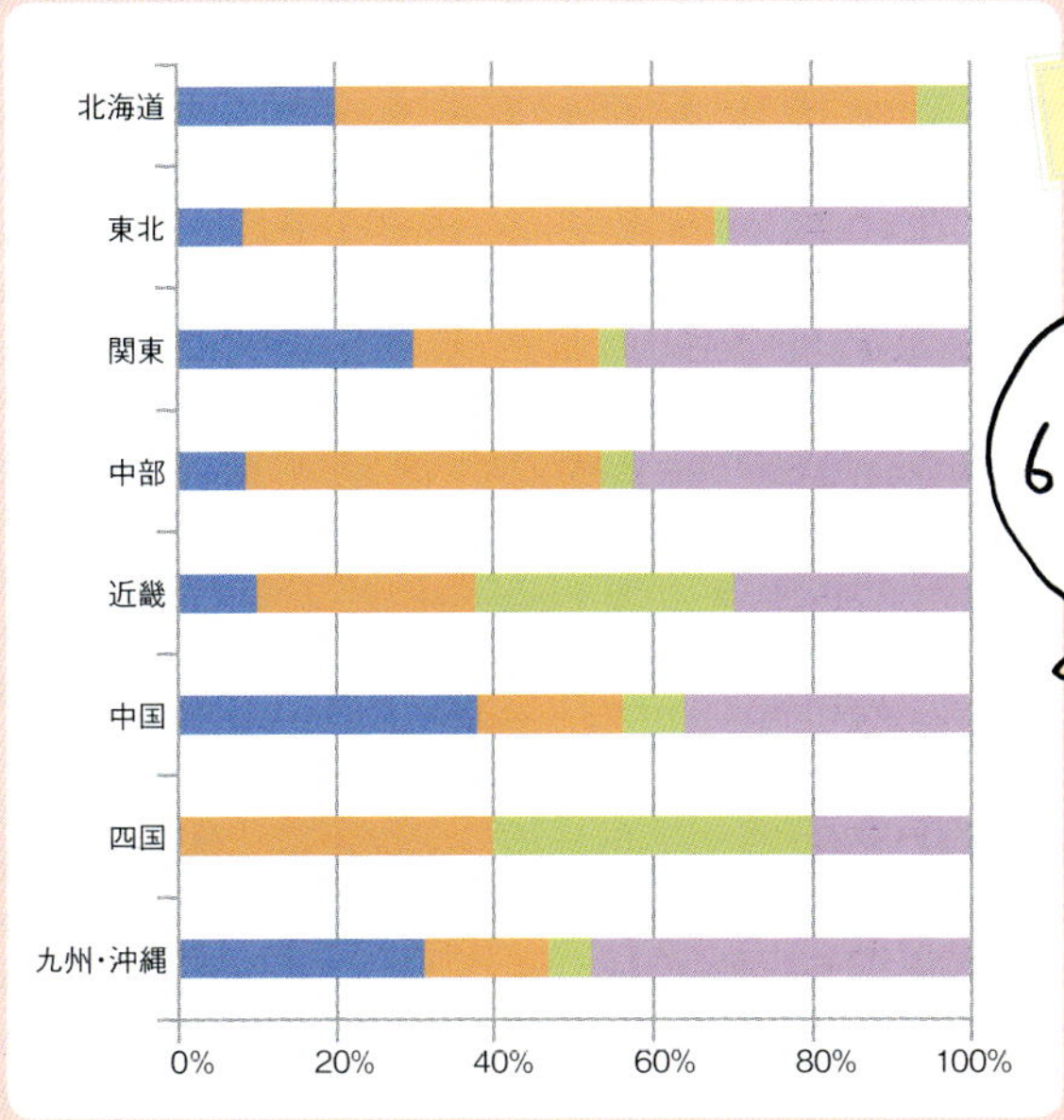

2003年

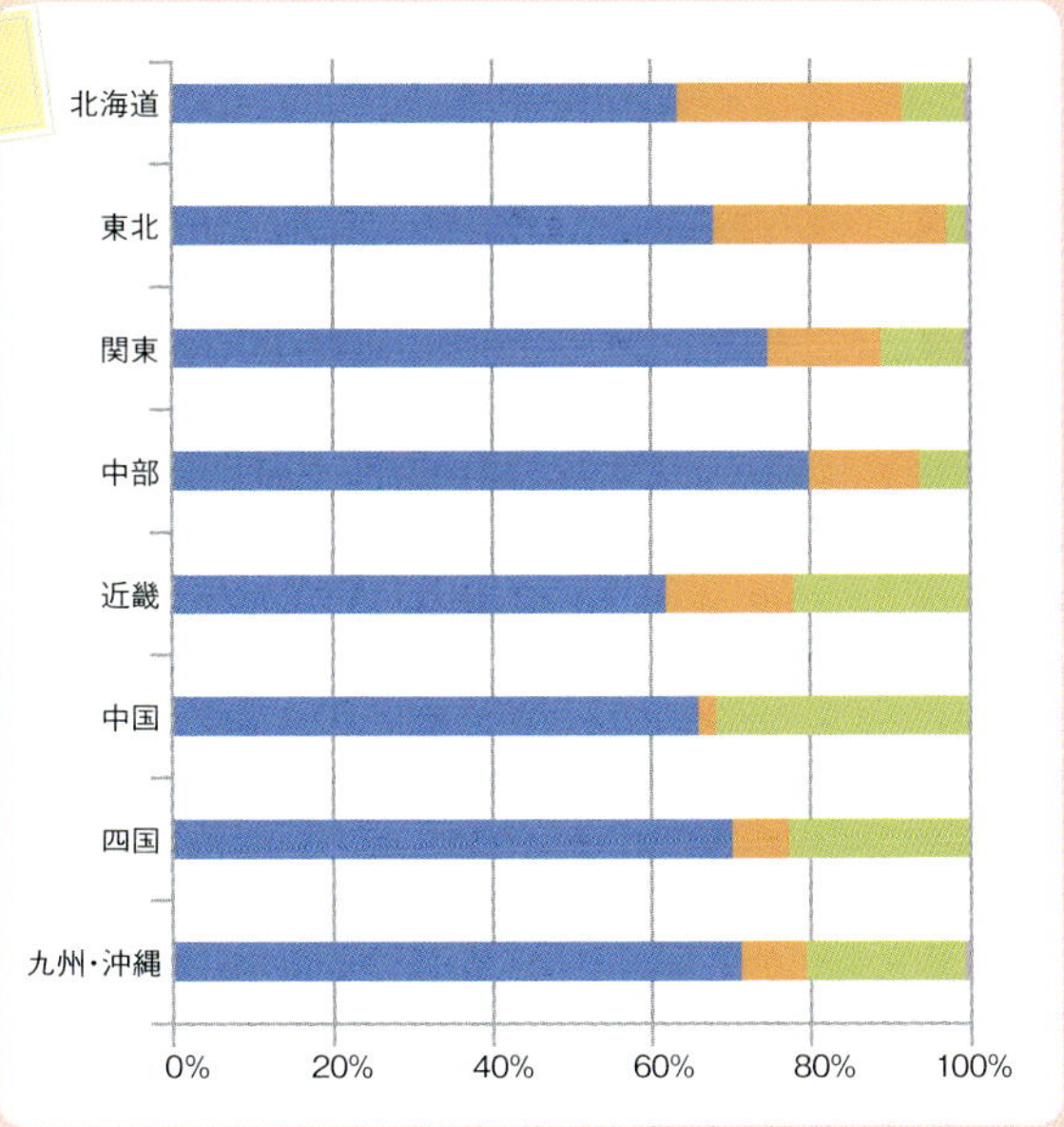

一九八〇年代までの調査では、北海道・東北で丸形、近畿・四国で俵形が目立つなどの特徴があるが、どの地域でもさまざまな形のものが作られていた。三角形はむしろ少数派と言える。二〇〇三年では全国的に三角形が他を圧倒している。

ふるさとおにぎり百選！

一九八六年に選定された「ふるさとおにぎり百選」は、同年の農林水産祭の特別展示「ふるさとおにぎりまつり」にともない、各地から推薦されたおにぎりやおしずし、まぜごはんを対象に、地域文化に根ざし古くから伝えられている、あるいは、地域特産物を有効に利用しているなどの観点から選ばれた。

それらは昔から食べられているものを再発見し、それを現代風にアレンジしたものであったり、あるいは地元の特産品から考案されたアイディア料理であったりと多様である。そのリストをみていくと、おにぎりのもつバリエーションの豊富さをうかがうことができる。

百選と言っても、
132件選定
されています

HOKKAIDO

北海道

001

北海道 ➤
美唄から浦臼の石狩川沿岸

開拓おにぎり

梅干、味噌漬けを芯にした焼きおにぎりを笹の葉で包む。美唄は三角、浦臼は俵形が多い。

002

北海道 ➤
紋別郡雄武町ほか

バター焼きおにぎり

紅葉子（塩たらこ）のおにぎりを、バターを溶かしたフライパンで焼く。

003

北海道 ➤
様似町鵜苫地区

こんぶ巻きずし

酢飯を昆布で巻き寿司のように巻く。具はシイタケ、カンピョウ、でんぶなど。

TOHOKU

東北

004
東北 ➤
青森県三沢市一帯

菊かおり〔菊めし〕

食用菊、枝豆、きのこなどの混ぜご飯。南部藩主の食用菊移入がきっかけ。

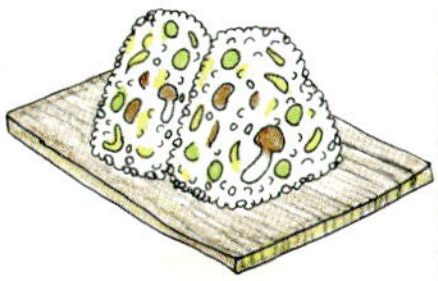

菊かおり〔菊めし〕
青森県

005
東北 ➤
青森県三厩村／現・外ヶ浜町

こんぶ巻きずし

昆布で巻いたおにぎりを、紅生姜、厚焼き卵で飾る。

006
東北 ➤
青森県弘前市周辺

ごまめし

ゴマを半ずりにして炊き上げ、青大豆を彩りとして添える。

007
東北 ➤
岩手県川井村／現・宮古市

ふきおにぎり

フキとしらす干しの混ぜご飯。フキの歯ざわりが好まれる。

008
東北 ➤
岩手県沢内村／現・西和賀町

ばくろうまんまおにぎり

ばくろう茸、ニンジン、ゴボウ、油揚げを炊き込む。

009
東北 ➤
岩手県川井村／現・宮古市

押し麦入りおこわおにぎり

押し麦が入るので消化がよく、お年寄りに好まれる。

010
東北 ➤
宮城県丸森町

クルミ入り柿の葉おにぎり

クルミ、ニンジン、油揚げの混ぜご飯を柿の葉で包む。

011
東北 ➤
宮城県気仙沼市

しそわかめ入りおにぎり

特産のシソとワカメを利用したおにぎり。家庭でもよく作られる。

012
東北 ➤
宮城県亘理町一円

はらこ飯

サケの煮汁でご飯を炊き、サケとはらこを盛り付ける秋の味覚。

013
東北 ➤
秋田県内各地

だまっこもち

塩味をつけたご飯を丸めて鶏鍋に入れる。「だまっこ」とはお手玉のこと。

014
東北 ➤
秋田県内各地

山菜の巻きずし

特産の山菜を利用。節句や祭りのときに食べられることが多い。

015
東北 ➤
秋田県内各地

赤ずし

赤ジソとキュウリをもち米に混ぜ、砂糖・塩で味を調え、重しをする。

赤ずし
秋田県

016
東北 ➤
山形県高畠町二井宿地区

たんぽもち

ご飯を固く握り、味噌をつけて焼く。炭焼きの間食だったという。

017
東北 ➤
山形県内一円

笹巻き〔祝い巻き〕

もち米を笹に巻いて煮る。黒砂糖の蜜やきな粉で食べる。

018
東北 ➤
山形県置賜・村山地方

うこぎごはん〔うこぎの切りあえ〕

ウコギの新芽の混ぜご飯。ほろにがい独特の味と香りがする。

019
東北 ➤
福島県会津地方全域

五目笹巻

もち米を笹に巻いて蒸す「笹巻」を五目にしたもの。

020
東北 ➤
福島県相馬市周辺

ほっきめし

ホッキ貝の炊き込みご飯。磯の風味のご飯は、夏場の味。

021
東北 ➤
福島県三春町全域

山菜あじふかし

塩漬け山菜を塩抜きして具にした、もち米の蒸し飯。

KANTO

関東

022
関東 ➤
茨城県西部畑作地域

焼き餅

残りご飯に小麦粉、味噌、塩を加えてこね、フライパンでこんがり焼く。

023
関東 ➤
茨城県北部山間地域

里芋飯

サトイモの炊き込みご飯。昔は節米のために、よく作られた。

024
関東 ▶
茨城県内全域
栗ごはん
クリの炊き込みご飯。米にもち米を加えると味がよくなる。

025
関東 ▶
栃木県栗山村川俣地域／現・日光市
ばんだい餅
うるち米を餅にし、俵形にする。じゅうね（エゴマ）ダレなどで食べる。

026
関東 ▶
栃木県石橋町全域／現・下野市
五目めし
酢飯に特産のカンピョウなどを具にして五目に仕立てる。

027
関東 ▶
栃木県北部
ゆでもち
残りご飯に小麦粉を振り込んでこね、小判形にしてゆでた後、焼く。

028
関東 ▶
群馬県長野原町
きび赤飯
もち米にキビと花豆を加えて蒸す。キビが入ると、淡泊でひと味違う。

029
関東 ▶
群馬県安中市全域
めしやきもち〔おやき〕
ご飯、小麦粉を練って生地を作り、好みの具を入れて焼く。

030
関東 ▶ 群馬県富士見村小暮所皆戸／現・前橋市
秋葉講（火伏の神）まぜごはん
鶏肉、ゴボウ、ニンジンなどを甘辛く煮て、酢飯と混ぜる。祭りの行事食。

031
関東 ▶
埼玉県比企郡ほか県西部農村地域
かてめし
かて（混ぜ物）を多く入れた混ぜご飯。紅生姜、卵、海苔などで彩る。

032
関東 ▶
千葉県山武郡、長生郡を中心に県内全域
房総の太巻きずし
松竹梅などさまざまな模様を巻き寿司の具で描く。

房総の太巻きずし
千葉県

033
関東 ▶
東京都伊豆大島、八丈島
島ずし
トビウオのにぎり寿司。淡泊でクセがなく、保存性もある。

034
関東 ▶
東京都伊豆七島
はんばごはん
醤油、酒などを加えて炊いたご飯に、炒めたはんば（岩のりの一種）を混ぜる。

035
関東 ▶
神奈川県厚木市
御難おにぎり
日蓮上人の故事にちなむ、ゴマをまぶしたおにぎり。

036
関東 ▶
神奈川県平塚市の水田地域
鶏めしおにぎり
具となる鶏肉とゴボウを煮て、煮汁でご飯を炊く。

037
関東 ▶
神奈川県秦野市
さくらおにぎり
桜湯用の八重桜を利用したおにぎり。ほんのりした桜の香りを楽しむ。

KOSHINETSU
甲信越

038
甲信越 ▶
新潟県山北町地域／現・村上市
ちまき
元は武士の携行食。木灰液を用いる独特の技法で作る。

039
甲信越 ▶
新潟県味方村、潟東村／現・新潟市西蒲区
けんさ焼き
生姜をすりおろして生姜味噌を作り、おにぎりに塗って焼く。

040
甲信越 ▶
新潟県上越地方
笹ずし〔わらじずし〕
笹にすし飯を盛り、山菜、塩ザケなどの具を載せ、軽く押しをする。

041
甲信越 ▶
山梨県中道町中畑／現・甲府市
百万遍
小豆のおにぎり。中に小石を入れ、そのおにぎりを妊婦が食べると安産という。

042
甲信越 ▶
山梨県三珠町大塚／現・市川三郷町
人参めし
特産のニンジンを炊き込む。ニンジンの甘みがよい味を出す。

043
甲信越 ▶
山梨県竜王町／現・甲斐市
やわたいもごはん
サトイモ（やわたいも）の炊き込みご飯。

044
甲信越 ▶
長野県諏訪地域、伊那地域全域
すがり（地蜂の子）ご飯
古くから食されるすがりをいなりずしやおにぎりにする。

045
甲信越 ▶
長野県下伊那地域・木曽地域
五平もち
ご飯をつぶしたおにぎりを串に刺し、クルミ、ゴマ、味噌をつけて焼く。

046
甲信越 ➤
長野県飯山市
謙信ずし〔笹ずし〕
笹の葉にすし飯を載せ、ゼンマイ、クルミなどを添える。

CHUBU
中部

047
中部 ➤
富山県内山間地全域
朴葉めし
朴葉の香りを活かし、きな粉を稲穂に見立てて豊作を祈願した。

朴葉めし
富山県

048
中部 ➤
富山県内全域
さばの笹ずし
サバの押し鮨を笹に包んだもの。伝統食として伝承されている。

049
中部 ➤
石川県金沢市ほか
押しずし
春はイワシ、秋はシイラ、サバなどを使った押しずし。お祭り料理のメイン。

050
中部 ➤
石川県能登地域
笹花ずし
タイとマスをメインにして、一枚笹にすし飯を載せた押しずし。

051
中部 ➤
石川県加賀市
およびその周辺
柿の葉ずし
柿の葉にすし飯とサバ、サクラエビ、海苔を載せた押しずし。

052
中部 ➤
福井県内全域
ほうば飯
ご飯にきな粉と砂糖を混ぜ合わせ、十文字に置いた朴の葉でたたむように包む。

053
中部 ➤
福井県若狭地方
鯖のなれずし
サバの保存も兼ねて作られた。サバの腹にご飯を詰める。

054
中部 ➤
福井県高志、坂井、奥越
鱒ずし
油桐の葉で包むすし。昔はアユを使っていた。

055
中部 ➤
岐阜県中津川市、恵那市、恵那郡
五平餅
ご飯をつぶして串に刺し、クルミ、ゴマ、醤油、砂糖などで作ったタレをつけて焼く。

056
中部 ➤
岐阜県東美濃地域
朴葉ずし
朴葉に酢飯を載せ、酢サバ、山菜などを載せて包み、軽く重しをする。

057
中部 ➤
静岡県御殿場市、
小山町周辺
菜めし
特産の水かけ菜の塩漬けを炊きたてのご飯に混ぜる。

058
中部 ➤
静岡県新居町／
現・湖西市周辺
ぼくめし
ぼく（生育のいい鰻）とささがきゴボウを用いた素朴なご飯。

059
中部 ➤
静岡県由比町／
現・静岡市清水区周辺
桜えびごはん
米に酒、塩、だしこんぶを加え、サクラエビとグリンピースで炊き上げる。

060
中部 ➤
愛知県奥三河地方
奥三河の五平餅
ご飯をつぶして楕円形にし、赤味噌などで仕立てたタレをつけて焼く。

061
中部 ➤
愛知県新城市
合戦むすび
焼き味噌を具にした焼きおにぎり。長篠合戦の家康の戦時食という。

062
中部 ➤
愛知県新城市
お精霊めし〔さくらめし、たまりめし〕
酒と醤油を混ぜたご飯を柿の葉に盛り付ける。盆行事の際、食される。

063
中部 ➤
三重県東紀州地域
めはりずし
高菜の漬物で包んだ、大きなおにぎり。

064
中部 ➤
三重県東紀州地域
紀州の祝いずし
昆布巻きずし、さんまずし、太巻きずしをセットにした祝い事の料理。

065
中部 ➤
三重県伊勢志摩地域
てこねずし
獲れたての魚をつけ汁に漬け、すし飯に混ぜる。

KINKI
近畿

066
近畿 ➤
滋賀県湖北地方の湖辺地帯
鱒のはやずし
3枚におろしたマスを薄塩でおき、甘酢に漬けて、すしにする。

067

近畿 ➤

滋賀県水口町宇川地区／現・甲賀市

宇川ずし

竹皮を敷き、すし飯を詰め、ブリなどの具を詰める、押しずし。

068

近畿 ➤

京都府向日市、長岡京市ほか

筍寿し

すし飯と具を特産のタケノコに詰める。

069

近畿 ➤

京都府南山城村田山地域

ふき俵

おにぎりがフキの葉で包まれ、俵の形をしているもの。

070

近畿 ➤

京都府中部、竹野郡周辺

苗めし

小豆ご飯をおにぎりにしてきな粉をまぶし、稲の苗で包む。

071

近畿 ➤

大阪府泉南地方

押しずし

ハモ、アナゴなどを用い、重しをかけて日数をもたす伝統食。

072

近畿 ➤

大阪府泉南郡岬町深日地域

鯛めし

ニンジンと昆布、醤油、塩、酒などで味をととのえ、タイを炊く。

073

近畿 ➤

大阪府南河内郡千早赤阪村

ひなずし

タラやシバエビ、カンピョウ、ゆばなどを用いたすし。

074

近畿 ➤

兵庫県氷上郡、多紀郡地域／現・丹波市、篠山市

黒まめごはんおにぎり

丹波名産の黒豆のおにぎり。三角形にむすぶ。

075

近畿 ➤

兵庫県淡路島全域

こけらずし

ベラ、トラハゼ、エソなどの魚のでんぶを、すし飯に載せ型抜きする。

076

近畿 ➤

兵庫県御津町／現・たつの市

梅ごはん

梅肉のほか、種も一緒に炊き込む。種は食べる前に取り除く。

077

近畿 ➤

奈良県十津川村、大塔村／大塔村は現・五條市

目張りずし

大きな高菜の葉で酢飯をくるむ。

078

近畿 ➤

奈良県十津川村

なれずし

サンマまたはサバを背開きにし、すし飯を詰め、発酵させる。

079

近畿 ➤

奈良県吉野町、下市町、上北山村、五條市

柿の葉ずし

柿の葉で包んだすし。サバずしに用いるとサバの生臭みを消す。

柿の葉ずし
奈良県

080

近畿 ➤

和歌山県新宮市を中心とする南紀地方

めはりずし

すし飯のおにぎりを高菜でくるくると巻いて作る。

081

近畿 ➤

和歌山県田辺市を中心とする南紀地方

サイラの鉄砲ずし

サイラとはサンマのこと。細長く黒い姿を鉄砲に見立てた。

082

近畿 ➤

和歌山県湯浅町、広川町、御坊市周辺

なれずし

アセ（暖竹）の葉ににんにこ（握りめし）を載せ、サバをかぶせ発酵させる。

CHUGOKU

中国

083

中国 ➤

鳥取県大山町

大山おこわ

焼きちくわ、鶏肉、山菜などが入ったおこわ。

084

中国 ➤

鳥取県中山町／現・大山町

がにめし

川ガニ（モクズガニ）で出汁をとって炊き上げる。

085

中国 ➤

鳥取県青谷町夏泊／現・鳥取市

い貝めし

い貝（カラスガイ）の炊き込みご飯。

086

中国 ➤

島根県石見地方

箱ずし

五目の押しずし。江戸から銀山へ来た役人が作り方をもたらした。

087

中国 ➤

島根県美都町／現・益田市

ゆずのきりたんぽ

東北のきりたんぽに地元特産のゆずみそダレをつける。

088

中国 ➤

島根県隠岐島後地方

しげさおこわ

黒大豆とクリがもち米とよくあう、素朴な味わい。

089
中国 ➤
岡山県南部地方

ままかりずし

地魚のサッパを使ったすし。にぎりずしのようにして食す。

090
中国 ➤
岡山県備前地方

備前のばらずし

サワラ、アナゴ、エビなど、具だくさんのばらずし。

091
中国 ➤
岡山県蒜山地方を
中心に県下全域

蒜山おこわ

五目入りおこわ。祝い事や祭りに作られる。

092
中国 ➤
広島県大朝町地域／
現・北広島町

コウタケのむすび

特有の香りがするコウタケの漬物を混ぜ込み、むすびにする。

093
中国 ➤
広島県倉橋町ほか／
現・呉市

磯がきずし

甘煮にした磯がきを載せた、角ずし。

094
中国 ➤
広島県大和町／現・三原市

松茸ごはん

マツタケの産地ならではの味覚。

095
中国 ➤
山口県内全域

わかめむすび

梅干を芯にしたおにぎりに刻みワカメをまぶす。

096
中国 ➤
山口県新南陽市和田地区／
現・周南市

お茶の葉おにぎり

大豆やピーナッツ、茶の葉を炊き込んでおむすびにする。

097
中国 ➤
山口県内全域

岩国ずし

四角い木枠に五目のすしを芭蕉の葉で仕切って、3〜5段重ねる。

SHIKOKU

四国

098
四国 ➤
徳島県内全域

わかめおにぎり

鳴門ワカメをご飯に混ぜ、俵形に握って、薄焼き卵で巻く。

わかめおにぎり
徳島県

099
四国 ➤
徳島県内全域

すだちおにぎり

スダチの皮をおろしてパセリと混ぜ、サケをほぐしておにぎりにまぶす。

100
四国 ➤
徳島県内全域

お茶ごめ

塩、砂糖で煮込んだ大豆を煮汁ごとご飯に混ぜて、おにぎりとする。

101
四国 ➤
香川県志度町／
現・さぬき市

カンカンずし

すし箱にすし飯を詰め、サワラなどを並べ重しをかける。なれずしの一種。

102
四国 ➤
香川県坂出市王越町

鯛めし

タイの炊き込みご飯。チヌやスズキでもよい。

103
四国 ➤
香川県長尾町／
現・さぬき市

竹めし

竹を切って飯盒がわりにして作る、山菜を具にした炊き込みご飯。

104
四国 ➤
愛媛県中予地方、南予地方

夏かんずし

ちりめんじゃこやワラビやタケノコ、身をほぐした夏柑を混ぜたすし。

105
四国 ➤
愛媛県南予地方の
宇和海沿岸地域

おたま

新鮮な小アジなどの焼魚をほぐして、麦飯に混ぜ込んだ菜ずし。

106
四国 ➤
愛媛県大洲市肱川流域一帯

かにめし

川ガニを炊き込んだもの。ご飯を甲羅に詰め、おむすびとする。

107
四国 ➤
高知県東洋町ほか

こけら

焼魚をほぐして柚子酢ですし飯にし、ニンジンや卵、シイタケをあしらう。

108
四国 ➤
高知県内山間地域

田舎ずし

シイタケ、コンニャク、タケノコ、りゅうきゅう（はす芋）などを使った山間地独特のすし。

109
四国 ➤
高知県夜須町／現・香南市

あわびめし

漁民に伝わるアワビの炊き込みご飯。アワビの内臓を入れると味にコクが出る。

KYUSHU　OKINAWA

九州・沖縄

110

九州・沖縄 ➤
福岡県八女地方

鬼の手こぼし

当地に伝わるちまき。鬼のこぶしのような大きさなので、この名が付いた。

111

九州・沖縄 ➤
福岡県筑豊地方、朝倉地方

柿の葉ずし

すし飯にコノシロなどの魚を載せ、柿の葉で包む。秋祭行事に作られていた。

112

九州・沖縄 ➤
福岡県福岡市周辺

かなぎご飯

味をしみこませたカナギ（コウナゴ）を使った混ぜご飯。春の風味。

113

九州・沖縄 ➤
佐賀県白石町須古

須古ずし

ムツゴロウの蒲焼きなど、旬の農水産物を加えた押しずし。

114

九州・沖縄 ➤
佐賀県鹿島市

あげまきばらずし

有明海特産の二枚貝・アゲマキにニンジン、ゴボウなどを具にしたすし。

115

九州・沖縄 ➤
佐賀県七山村／現・唐津市

かに飯

川ガニを地域産の野菜と一緒に炊き込む。山村地帯の日常食。

116

九州・沖縄 ➤
長崎県佐世保市臨浮町

里芋めしのおにぎり

とれたてのサトイモとカツオ節がよく合う、旬の味覚。

117

九州・沖縄 ➤
長崎県有川町／現・新上五島町

鯨の炊き込みご飯おにぎり

うね鯨（鯨の腹部）をせん切りにして炊き上げ、三角むすびにする。

118

九州・沖縄 ➤
長崎県諫早市日代町

鶏飯のおにぎり

味のついた鶏肉をご飯に混ぜて蒸らしおにぎりにする。冷めてもおいしい。

119

九州・沖縄 ➤
熊本県南関町

南関揚げ巻きずし

当地独特の四角い揚げを海苔のように巻いて作る巻きずし。

120

九州・沖縄 ➤
熊本県天草郡一帯

このしろの姿ずし

塩味のきいた背開きのコノシロに、塩加減のすしご飯を詰め込む。

121

九州・沖縄 ➤
熊本県阿蘇郡一帯

高菜飯

地元の阿蘇高菜をみじん切りにし、ご飯とともに油で炒める。

122

九州・沖縄 ➤
大分県内全域

しいたけめしのにぎりめし

シイタケとありあわせの野菜を具にして混ぜ込み、三角形ににぎる。

しいたけめしの
にぎりめし
大分県

123

九州・沖縄 ➤
大分県別府市亀川

山菜おにぎり

山菜をふんだんに使ったおにぎり。山菜をゆがき、さっと油で炒める。

124

九州・沖縄 ➤
大分県日田地方

たかなずし

たかな漬の旨味・梅の酸味・ワサビの辛味が調和したふるさとの味。

125

九州・沖縄 ➤
宮崎県北部山間地域

しいたけずし

すし飯を握り、上に煮含めたシイタケを載せる。シイタケ利用のアイディア料理。

126

九州・沖縄 ➤
宮崎県高千穂地方

とうきびごはん

米にとうきび（トウモロコシ）を1割程度混ぜ、塩少々を加え炊き上げる。

127

九州・沖縄 ➤
宮崎県県中、県南地方

冷や汁

頭とわたを取った焼魚に味噌、白ごまを摺り合わせ、出汁とともに麦飯にかける。

128

九州・沖縄 ➤
鹿児島県奄美大島、鹿児島市の一部

鶏飯

鶏肉、シイタケ、薄焼き卵をご飯に載せ、鶏スープをかけていただく。

129

九州・沖縄 ➤
鹿児島県内全域

酒ずし

酒で味つけしたご飯に、タケノコやシイタケ、魚介類を合わせ、重しを載せ数時間おく。

130

九州・沖縄 ➤
沖縄県宮古島全域

かぼちゃのミスジューシー

カボチャ、ニンジン、カマボコ、豚肉などを炊き込み、おにぎりにする。

131

九州・沖縄 ➤
沖縄県沖縄市

カーサおにぎり

味噌に豚肉などを加えて作る油味噌を具にしたおむすび。芭蕉の葉で包む。

132

九州・沖縄 ➤
沖縄県宜野湾市

田芋入りクファジューシー

蒸した田芋（サトイモ）やゆで豚で作る炊き込みご飯。

第2章◉おにぎり今昔物語

おにぎり丸いか三角か

前章では、現代のおにぎりを概観した。ツナマヨのように、新しい具を入れるというアイディアおにぎりもあるが、「ふるさとおにぎり百選」のリストをみてもわかるように、昔から伝えられてきたもののリバイバルやアレンジも数多い。

この章では、明治から江戸、さらには中世へと時代をさかのぼり、それぞれの時代におけるおにぎりにふれてみよう。当時の人たちはどのようなおにぎりを味わっていただろうか？

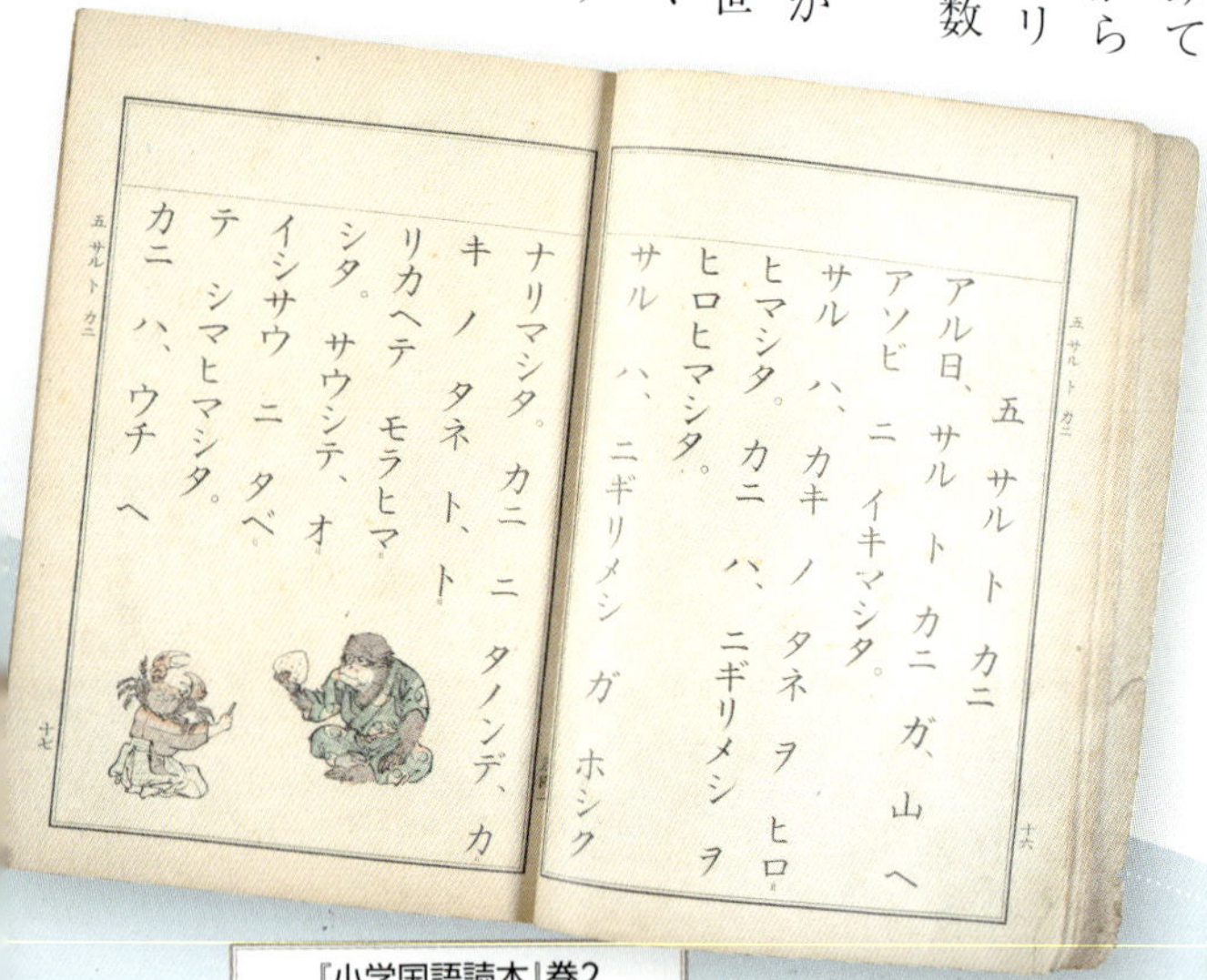

五 サルト カニ
アル日、サル ト カニ ガ、山 ヘ
アソビ ニ イキマシタ。
サル ハ、カキ ノ タネ ヲ ヒロ
ヒマシタ。カニ ハ、ニギリメシ ヲ
ヒロヒマシタ。
サル ハ、ニギリメシ ガ ホシク
十六
ナリマシタ。カニ ニ タノンデ、カ
キ ノ タネ ト、ト
リカヘテ モラヒマ
シタ。サウシテ、オ
イシサウ ニ タベ
テ シマヒマシタ。
カニ ハ、ウチ ヘ
十七

『小学国語読本』巻2
1939(昭和14)年刊
横浜市歴史博物館蔵　63-1b

昔話
明治〜昭和

昔話とおにぎり

おにぎりが登場する昔話といえば、なんといっても「猿蟹《※1さるかに》合戦」と「おむすびころりん」※2が有名だ。

カニが臼や栗と敵討《かたきう》ちをする猿蟹合戦については、滝沢《たきざわ》解瑣《とくさ》吉《きち》（曲亭馬《きょくていば》琴《きん》）が一八一一（文化《ぶんか》八）年刊行の「燕石雑志《えんせきざっし》」で考証を行っている。江戸時代後期の段階で、サルとカニが火飯《やきめし》（焼きおにぎり）と柿の核《さね》を取り替える話がすでに成立していたようだ。

この猿蟹合戦は、明治から昭和にかけて尋常《※3じんじょう》小学校の教科書に掲載されたことで、誰もが知る「国民的童話」の一つとなった（柳田二〇〇四）。一九一〇（明治四三）年から使われた国定教科書の挿し絵を見てみると、カニが拾った「ニギリメ

梅干

日本の味を代表する「梅干」も、書物に登場するのは鎌倉時代以降。

おにぎりの具の定番といえば、なんといっても梅干。ウメは大陸から持ち込まれた植物だが、古代には観賞用が中心だったのではないかと言われている。だが、中国では古くから梅酢などの調味料や薬用に利用されていたから、日本でも同様に利用されていた可能性はある（百原二〇一四）。

梅干が文献に登場するのは鎌倉時代の『世俗立要集』が最初だという（有岡二〇〇一）。武家の膳に梅干がともなう理由としては、毒消しの作用が挙げられている。その後、室町時代には梅干は武家の礼法に組み込まれていった。江戸時代に成立した『雑兵物語』には、戦場で梅干を眺めてのどの渇きをいやす方法が述べられている（食べるとかえってのどが渇いてダメだとか）。戦場ではおにぎりも食べていただろうが、いつから梅干をおにぎりに入れるようになったのかは、残念ながらわかっていない。

『尋常小学読本』巻1
1909（明治42）年刊
横浜市歴史博物館蔵　63-1a

シ」は三角形で、海苔やゴマなどはみられない。

一方、「おむすびころりん」は、「鼠浄土」「団子浄土」などの名前で各地に古くから伝わる話だ。おじいさんが最初に落とすのは団子であったり餅であったりして、おむすびではない場合があるが、話の構造は共通している。「三角おむすびでは転がらない」という意見もあるが、絵本の挿し絵は三角形が多いようだ。

用語解説

猿蟹合戦　※1 >>>P32

サルとカニが柿の種とおにぎりを交換する。柿の実がなったとき、サルは自分だけが木に登って柿を食べ、カニには青い実を投げつけ、カニはそのために死んでしまう。悲しむ子ガニに臼や栗などが助太刀してサルを退治し、見事親の敵を討つ。

おむすびころりん　※2 >>>P32

おじいさんが山でおむすびを落としてしまう。おむすびは土手を転がって穴の中へ。おじいさんが覗くとそこはネズミの世界で、ネズミたちにもてなされ、宝物をもらって帰る。この話を聞いたよくばりじいさんが無理矢理、穴におむすびを入れ、宝物をもらおうとするが、逆にネズミたちに懲らしめられてしまう。

尋常小学校　※3 >>>P32

戦前期の小学校の一種。1886（明治19）年の小学校令により設置され、満6歳以上の児童に初等普通教育を施した。1941（昭和16）年に国民学校へ再編。1904（明治37）年からは国定教科書が使われ、何度か改定された。

駅弁
明治

駅弁第1号はおにぎり？

日本における駅弁第1号は、一八八五（明治一八）年七月一六日に宇都宮駅で販売されたもので、握り飯とタクアンを竹の皮で包んだ弁当だった——という説は、一般に広く知れ渡っている。駅弁の始まりについてはほかにもいくつか説があり、宇都宮駅での駅弁販売は明治二〇年になってからで、明治一八年に駅弁が売られたのは小山駅の「翁寿司」だったというものや、さらに古く明治一六年に上野駅停車場構内に弁当屋があった（弁当の内容は不明）という記録もあるようだ（林・小林二〇〇〇）。

明治二一年には竹皮の握り飯弁当が東海道線の国府津駅で販売されている。駅弁第1号がいつどこだったかの問題は別にしても、竹皮の握り飯弁当とタクアンという組み合わせが、初期の駅弁のイメージであるということはいえるかもしれない。

1885（明治18）年、日本鉄道の大宮〜宇都宮間開通に際して、宇都宮駅でおにぎり2個にタクアンが添えられた駅弁が売り出されたとの説がある。値段は5銭。当時はうな丼1杯10銭だったと言われるから、かなりいいお値段のおにぎりということになる。

給食
明治

給食とおにぎり

我が国の学校給食は、山形県鶴岡市にあった私立忠愛小学校で一八八九（明治二二）年に貧しい子どもたちにおにぎりと焼魚、漬物を食べさせたのが最初だったといわれている。学校給食第1号もやはりおにぎりだったということになる。

ただし、この山形の「給食」はその後に引き継がれたわけではなく、戦前の小学校では弁当持参が一般的だった。現在につながる形での学校給食制度は、戦後の米軍占領下で実施されたものが起点となっている。

おかかの歴史

　日本列島におけるカツオ利用の歴史は古い。本書の元になった企画展を行った横浜市歴史博物館のある神奈川県でも、東京湾に面する横須賀市夏島貝塚（縄文時代早期）、相模湾をのぞむ小田原市の羽根尾貝塚（縄文時代前期）、やや内陸に入った大井町の中屋敷遺跡（弥生時代前期）、三浦半島の洞穴遺跡（弥生時代中期以降）などからカツオの骨や釣針が出土している。カツオはいたみの早い魚として知られているので、当時もなんらかの処理をしていたと考えられている。それはおそらく、現在のなまり節のようなものだったかもしれない。

　文献では、カツオは堅魚と書かれるが、これは節状に堅く加工されていたことを表すと言われている（宮下二〇〇〇）。平安時代の『令義解《りょうのぎげ》』賦役令では相模からの貢納品として、堅魚や煮堅魚《にかつお》、堅魚煮汁《かつおのいろり》などが挙げられている。三浦市の浜諸磯遺跡では、角釣針と呼ばれる疑似餌の役割をもつ釣針が出土したほか、カツオの骨に縦方向に切り落とした痕跡が確認された。これはカツオを三枚に下ろしてから煮るなどの加工をしていた痕跡だと考えられている。鰹節《かつおぶし》（本枯節《ほんかれぶし》）は、カツオの身を煮てから乾燥・燻製・カビ付けして製造される。この製法は江戸時代になってから発達したものだ。薄く削った削り節は出汁《だし》を取るのに使われるが、おにぎりの具としても定番だった。

　おにぎりの具としての「おかか」は年配者を中心に根強い人気があるが、コンビニの売上ランキングでは鮭やツナマヨには一歩及ばない。しかし、実はツナマヨの材料にもカツオが入っていることがある。カツオとおにぎりの相性は、現在も抜群だと言っていいかもしれない。

古代の角釣針。軸下端の穴に「し」の字形の針を差し込む、組み合わせ式の釣針軸である。

浜諸磯遺跡出土　三浦市教育委員会蔵　66-1

江戸時代の書物『魚鑑』には、カツオはタイとともに代表的な魚として描かれている。

横浜市歴史博物館蔵　66-3

海苔
江戸～昭和

海苔が巻かれたのはいつからか？

江戸時代の海苔養殖

『江戸名所図会』に描かれた芒村姥島（現在の横浜市桜木町付近）。左の奥の海岸に海苔ひび（海苔を付着させるため、海に立てられた小枝）が見える。東京湾はかつて浅草海苔の本場であり、横浜の海でも海苔がさかんに作られていた。

横浜市歴史博物館蔵　67-2

今日おにぎりは海苔を巻くのが一般的である。海苔はいわばおにぎりの名脇役だといえる。

ところが、32ページで見た「猿蟹合戦」の挿し絵のおにぎりは、海苔が巻かれていなかった。おにぎりに海苔が巻かれたのはいつ頃からだろうか？

海苔は古代から利用されてきたが、現在のような板海苔が登場したのは江戸時代になってからだった（宮下2003）。江戸の海では海苔の養殖がさかんにおこなわれ、天明《てんめい》年間（1780年代）には海苔巻きずしの流行などもみられたが、海苔はまだ高級品で日常的な食べ物ではなかった。

江戸時代の風俗を考証した『守貞謾稿《もりさだまんこう》』（1853〔嘉永《かえい》6〕年成立）では、京や大坂ではゴマまぶしの握り飯が多いと記されているが、握り飯に海苔を巻くことについては一言も触れられていない。日常的・家庭的な食べ物であるおにぎりと、ファストフード化したとはいえ、お金を出して食べるものであるすしとの違いが現れているのかもしれない。

おにぎりに海苔を巻くようになるのは、第一次世界大戦後に海苔の生産量が激増してからのことで、一説には1930（昭和5）年に神戸沖で行われた観艦式の際の海苔景気がきっかけだったとも言われている（宮下同前）。

海苔の生産用具

海苔を乾すための枠。オオサカボシと呼ばれている。

横浜市八聖殿郷土資料館蔵　67-3a

乾海苔を出荷するためのノリバコ。

横浜市八聖殿郷土資料館蔵　67-3b

おすしとおにぎりはどう違う？

一般にご飯を酢飯にしたものが「すし」、そのまま握ったものが「おにぎり」とされている。もっとも、朴葉ずしやめはりずしのように酢飯を握っておにぎり状にしたものもあるので両者の区別はあいまいである。すしは、まず魚とご飯を塩漬けにして乳酸発酵させるなれずしとして登場した。奈良時代の『養老令』（718年）の賦《ぶ》役令《やくりょう》には、鰒《あわび》や貽貝《いがい》の鮓《すし》と雑鮨《くさぐさのすし》が挙げられている。現代に伝わる琵琶湖のふなずしのように数カ月かけて発酵させていたものが、次第に簡略化されていったと考えられている。しかし、中世におけるすしの実態はよくわかっていない。

江戸時代になると、まず上方で押しずしが登場し、やがて江戸でもさかんに作られるようになる。その後、安永《あんえい》年間には巻きずしが登場し、天明年間（1780年代）には海苔巻きが大流行したといわれる。現在一般的な江戸前の握りずしが登場するのは、ずっと遅れて文政《ぶんせい》年間（1820年代）になってからのことだったという。1830年代から50年代に書かれた『守貞謾稿』には、いろいろな巻きずしや握りずしについての記述がみられる。

江戸の町には握りずしの屋台も登場し、すしは気軽に立ち寄って腹を満たす存在になった。握りずしの登場で、保存食だったすしはファストフード化したと言えるかもしれない。

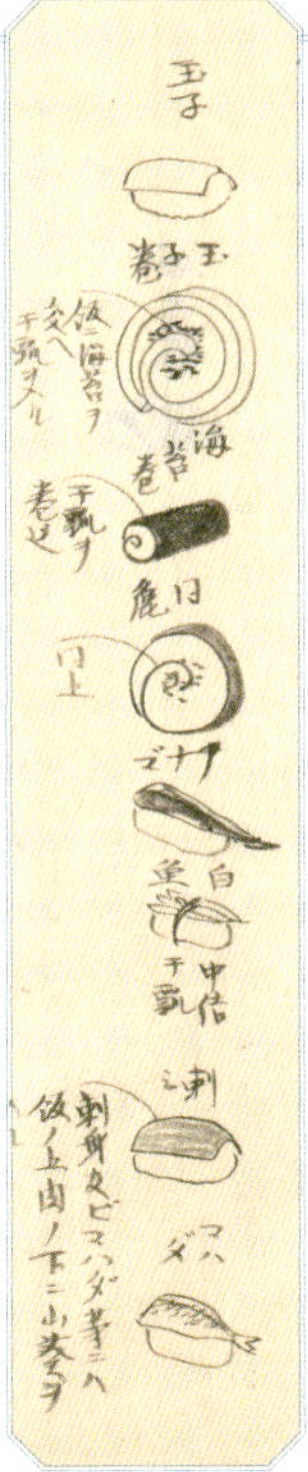

喜多川守貞が江戸時代後期の風俗を記録した『守貞謾稿』には、当時のさまざまなすしが筆写されている。

国立国会図書館蔵　62-2

すしの変遷

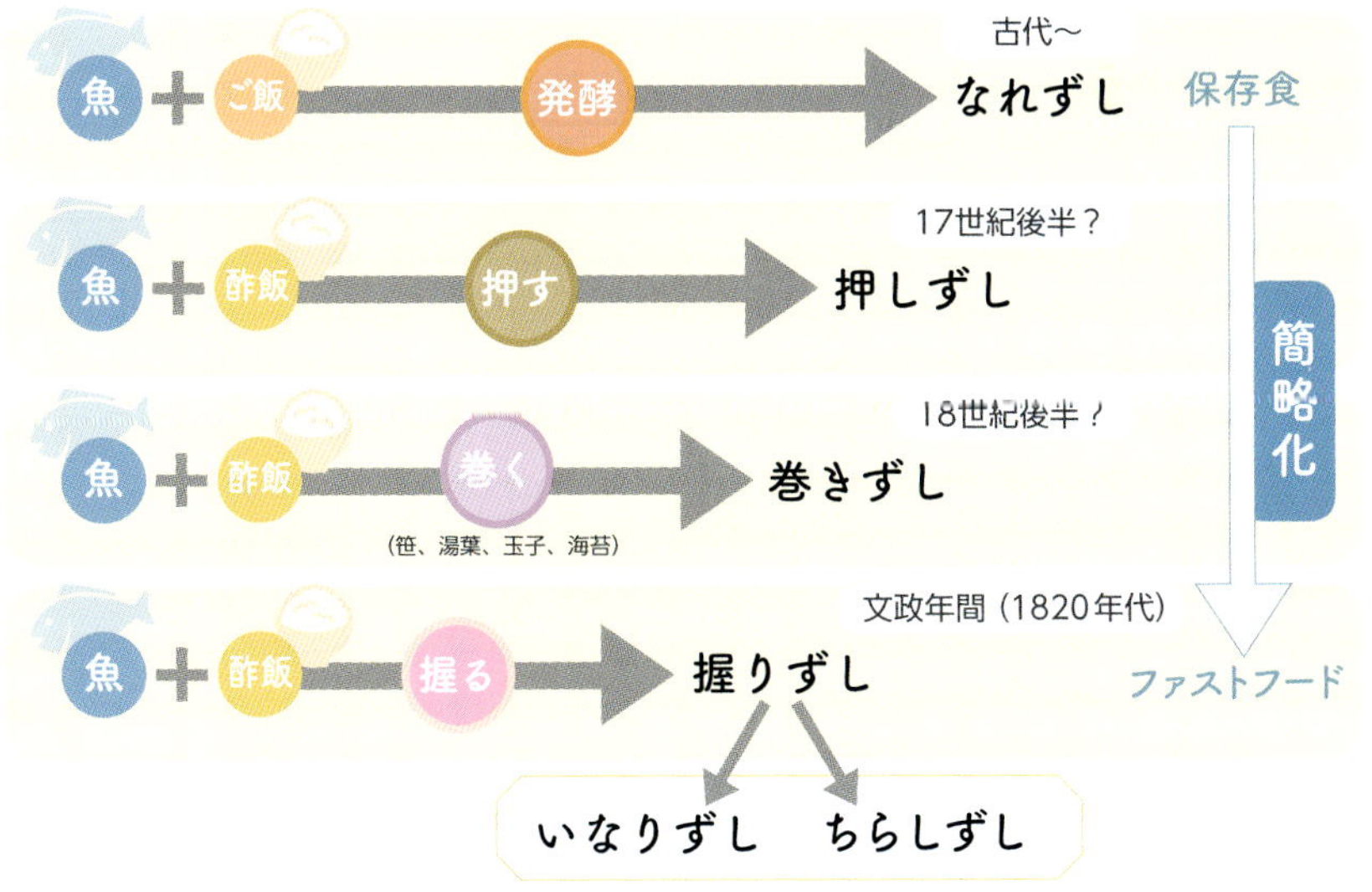
古代〜
魚
ご飯
発酵
なれずし
保存食
17世紀後半？
魚
酢飯
押す
押しずし
18世紀後半？
魚
酢飯
巻く
（笹、湯葉、玉子、海苔）
巻きずし
簡略化
文政年間（1820年代）
魚
酢飯
握る
握りずし
ファストフード
いなりずし
ちらしずし

大江戸

おにぎり捜査網！

江戸時代は多くの浮世絵が製作された。役者絵や美人画、風景画などが人気を呼び、各地の名所や名物、年中行事なども描かれている。当然、食事のシーンや食べ物が描き込まれたりすることも多かった。江戸時代の浮世絵などからおにぎりの姿を探してみよう。

染《そめ》飯《いい》

▲店先に並ぶのは「瀬戸の染飯」。クチナシの実で黄色く染めたご飯を、せいろで蒸して、小判形にしたもので、東海道藤枝宿の名物だった。穐里籬嶌『東海道名所図会』の挿し絵より。

焼き蛤

▲香蝶楼国貞（三代歌川豊国）『東海道五十三次之内　桑名之図』（部分）。店先で出されているのは焼き蛤。

餅菓子

▲菱川師宣『職人尽倭画』（部分）。職人が菓子を作っている様子が描かれている。

団子

▶香蝶楼豊国（三代歌川豊国）『東都名所遊観　葉月高輪』（部分）。これはお月見のお供えの団子。

すし

長谷川貞信『浪華自慢名物尽　福本すし』。美人画と名物紹介を兼ねたもので、上に箱ずし（押しずし）の「福本すし」が描かれている。

ミカン

五渡亭国貞（三代歌川豊国）『神楽月顔見せの光景』（部分）。女性の手前左にあるのは、焼きおにぎり…じゃなくて、ミカンでした。

意外と
おにぎりって
描かれてないね

焼き餅

戸塚宿の焼餅坂で、名物の焼き餅を焼く女性。初代歌川広重『戸塚・藤沢・大瀧・伊勢原・四ッ谷追分張交』（部分）より。

横浜市歴史博物館蔵

日本橋から京都までの道程を双六に仕立てた、初代歌川広重『東海道遊歴双六』（部分）。程ヶ谷宿には「境木立バ　牡丹もち」が描かれている。

程ヶ谷

牡丹もち

横浜市歴史博物館蔵

国立国会図書館蔵　クレジットのないものすべて

▲歌川国芳（一勇斎）『高輪大木戸の大山講と富士講』。富士山や神奈川県の大山へ出発する団体客が茶屋で一休みしている様子を描く。 横浜市歴史博物館蔵

饅頭

▶豊芥子『近世商売尽狂歌合』（部分）。蒸し饅頭売り。

いなりずし

▶豊芥子『近世商売尽狂歌合』（部分）。これはいなりずし売りの屋台。

おにぎり

▲初代歌川広重『東海道五十三次細見図会　藤沢』。金比羅参りの旅人が道中休憩をして、おにぎりを食べているシーンが描かれている。おにぎりは三角形で、海苔は巻かれていないようだ。
57-1

おにぎり？

あっ！
おにぎり!?

でも
かたそう？

やっと
みつけた！

お米の粒々、
おにぎりだ!!

国立国会図書館蔵　クレジットのないものすべて

描かれなかったおにぎり

『江戸名所図会』「金沢文庫址御所ヶ谷」に描かれた、おにぎりのようなものを食べる家族。形は丸形で、こちらも海苔は巻かれていないようだ。

横浜市歴史博物館蔵　61-2

ここまでみてきたように、江戸時代の浮世絵におにぎりが描かれた例は意外に少ない。街道を旅する光景でも、茶屋で休む旅人の姿や、餅などの名物が売られている店先の風景はしばしば描かれているが、おにぎりを食べる姿はあまりみられない。それでは、おにぎりが描かれているのはどんな場面だろうか？

江戸時代後期のベストセラー『東《とう》海道中《かいどうちゅう》膝栗毛《ひざくりげ》』では、弥次《やじ》さんが信州で大きな「にぎりめし」を一七、八個も食べたと大食い自慢の回想をするシーンで登場する。

『東海道五十三次細見図絵　藤沢』（四一ページ）では、金比羅《こんぴら》参りの旅人が道ばたで三角形のおにぎりを食べている様子が描かれている。

『江戸名所図会』にも、金沢文庫址の御所ヶ谷で丸形のおにぎりらしきものを食べる家族の姿が描かれてい

る。鍬《くわ》が置かれていることなどから、こちらの家族は野良作業の最中だろうか。

このようにおにぎりは庶民の日常的な行動食で、買って食べるものではなく、浮世絵に描かれることも少なかったのだろう。

江戸のおにぎり

江戸時代後期の風俗を記録した『守貞謾稿』では、「握飯」について、手の平に塩水をつけて握ること、京都大坂では俵形でゴマをまぶすものが多いのに対して、江戸では円形ないし三角形で炙るものがあることが述べられている。また、手で握るかわりに木型で押すこともあったようだ。これは大量生産を目的とした製作方法であり、その用途としては芝居の合間に食べる中食《ちゅうじき》が挙げられている。

同じく『守貞謾稿』によれば、吉町万久という店がはじめて作って芝居小屋で販売したのが幕の内弁当だという。幕の内弁当には、円く扁平な握り飯10個を少し焼いて入れていた。ご飯をおにぎりにしたのは、芝居幕間《まくあい》に食べるので、食べやすさを重視したためだろう。

また、花見のような行楽に持っていく重箱の弁当にも、握り飯が入っていることがある。江戸時代（19世紀初頭）に刊行された料理書である『料理早指南《りょうりはやしなん》』には、花見用の重箱弁当が紹介されている。上中下と三種あるうちの上の弁当では四段の重箱のほかに割籠《わりご》（曲げ物）がついており、この中に三角形の「焼飯」（焼きおにぎり）が入っていた。焼飯は下の弁当の四重にも入っていて、花見弁当には欠かせない存在だったようだ。

『料理早指南』

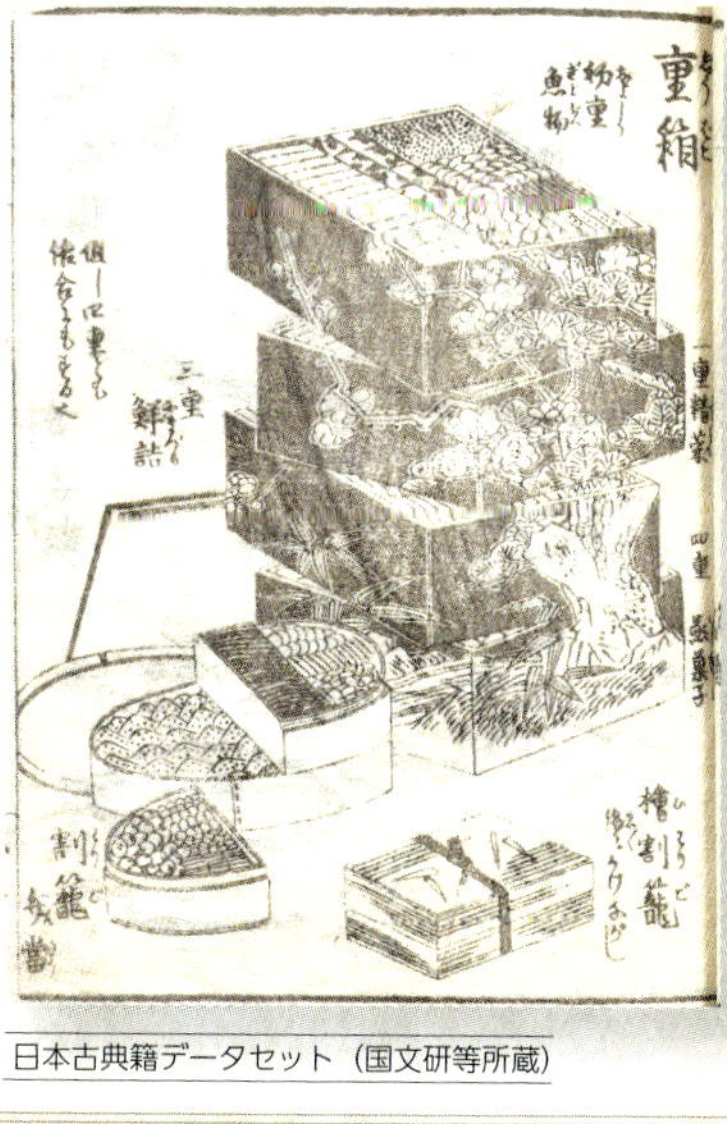

花見の提重詰。割籠に三角形のおにぎりが入っている。

日本古典籍データセット（国文研等所蔵）

鳥の子にきり
中世

中世以前のおにぎり

『酒飯論絵巻』（部分）

第三段に描かれた飯好きの飯室好飯の厨房。
右下の男がおにぎりを握っている。
国立国会図書館蔵　59-3

　時代をさかのぼって、中世以前のおにぎりについては、その実態をうかがうことができる資料はさらに少ない。絵図に描かれることもほとんどなかったが、わずかに、室町時代に制作された『酒飯論絵巻《しゅはんろんえまき》』におにぎりが握られているシーンがある。

　この絵巻は、酒好きと飯好きが議論を戦わせるという設定で、コメの調理から食事の場面までが描かれている（伊藤二〇一一）。このうち第三段の厨房《ちゅうぼう》の場面で、おにぎりが登場する。詞書《ことばがき》では「鳥《とり》の子《こ》にきり」と呼ばれており、卵形をした大形のものだった。

　白飯と同じおひつに「あか飯」がみえるが、赤い粒が大きいことから、赤米ではなく、小豆飯だったと考えられる。詞書にはこのほかにも粟飯や麦飯が登場し、厨房でもさまざまなご飯が描き分けられている。

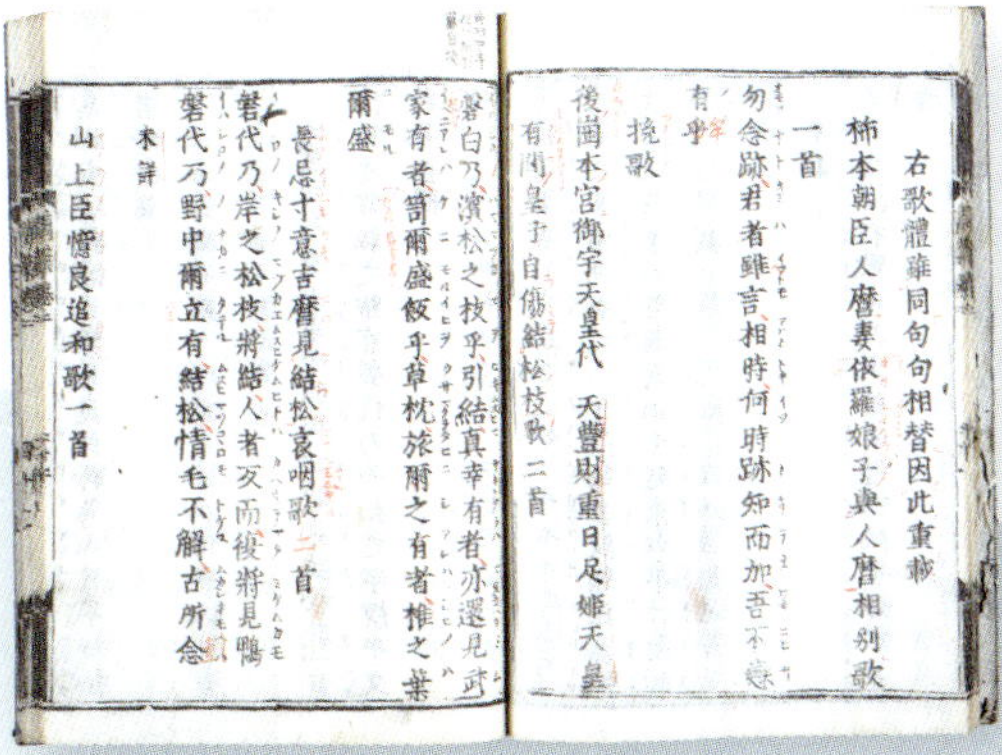
右歌體雖同句句相替因此重載
柿本朝臣人麿妻依羅娘子與人麿相別歌
一首
勿念跡君者雖言相時何時跡知而加吾不戀
有乎
挽歌
後崗本宮御宇天皇代　天豊財重日足姫天皇
有間皇子自傷結松枝歌二首
磐白乃濱松之枝乎引結真幸有者亦還見武
家有者笥爾盛飯乎草枕旅爾之有者椎之葉
爾盛
長忌寸意吉麿見結松哀咽歌二首
磐代乃岸之松枝將結人者反而復將見鴨
磐代乃野中爾立有結松情毛不解古所念
未詳
山上臣憶良追和歌一首

万葉集　巻二

横浜市歴史博物館蔵　58-1

有間皇子が旅先での情感を詠んだ歌。

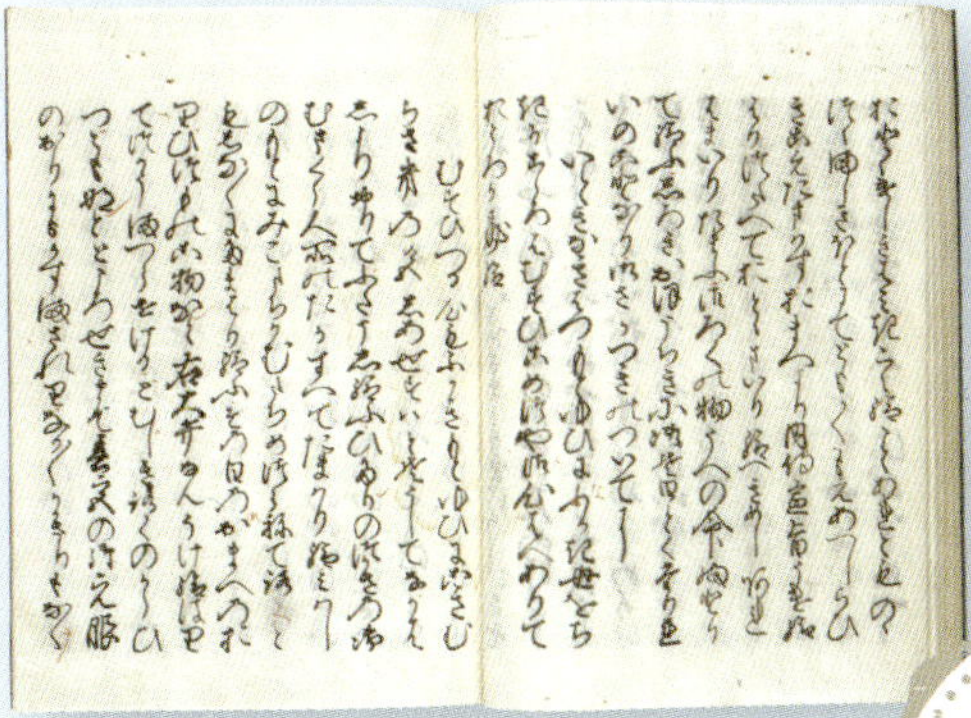

源氏物語　桐壺

左から3行目より、「とんじき、ろくのからびつどもなど、ところせきまで、春宮の御元服のおりにもかずまされり」とある。

国立国会図書館蔵　58-2

とんじき

平安時代

屯食と鳥の子

文献資料に目を向けると、『万葉《まんよう》集《しゅう》』には、有間皇子《ありまのみこ》の「家にあれば笥《け》に盛る飯《いい》を草枕　旅にしあれば椎《しい》の葉に盛る」との有名な歌がある。この「飯《いい》」は通常通りに蒸した強飯《こわいい》だったか、あるいは干飯《ほしいい》をお湯で戻したものだったろうか？

『源氏物語《げんじものがたり》』の桐壺《きりつぼ》の巻では、光《ひかる》源氏《げんじ》の元服《げんぷく》の席で「とんじき」（どんじき）がふるまわれたことが述べられている。室町時代初期に作られた注釈書である『河《か》海抄《かいしょう》』によれば、包《つつ》み飯《いい》のことだという。包み飯は「裏飯」とも書いたようだ。

平安時代に編纂《へんさん》された宮中の儀式書『延喜式《えんぎしき》』には松尾大社（京都市）への供物として折櫃《おりびつ》や大笥《おおけ》のほかに「裏飯」が記されている。江戸時代中期の『大神宮儀式解《だいじんぐうぎしきかい》』によれば、これは身分の卑しい者に食器で

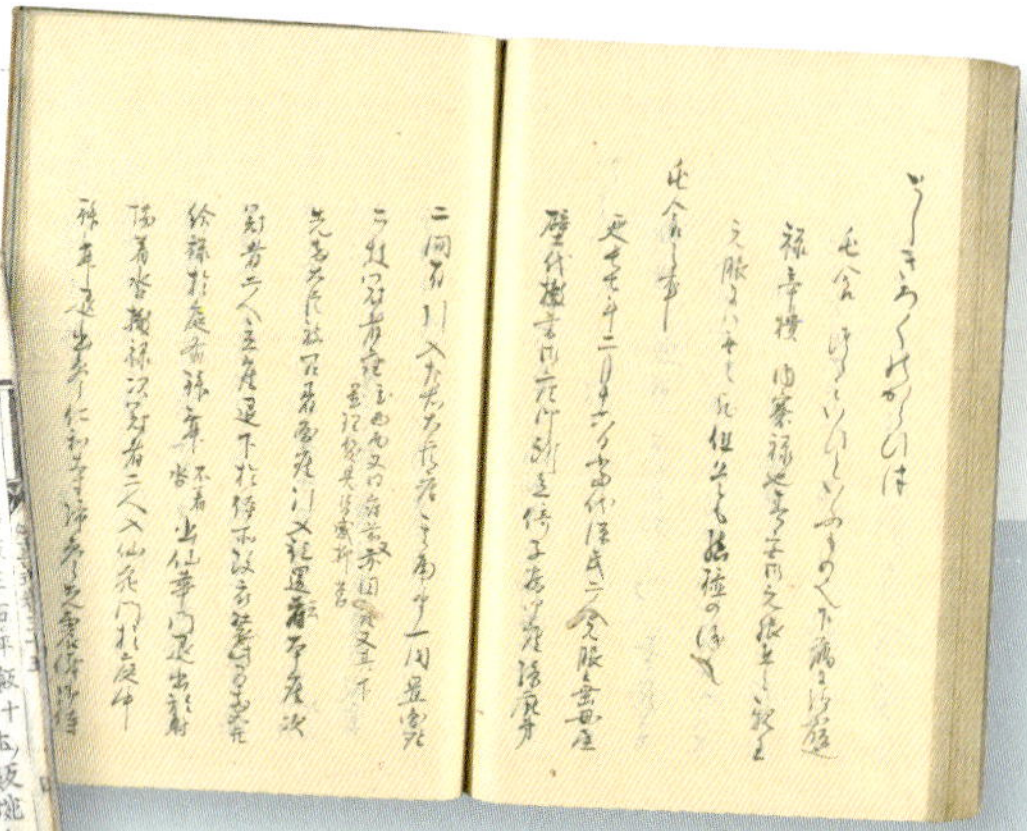

『河海抄』

源氏物語のとんじきが「屯食」であり、「つつみいひ」だと述べている。

国立国会図書館蔵　58-3

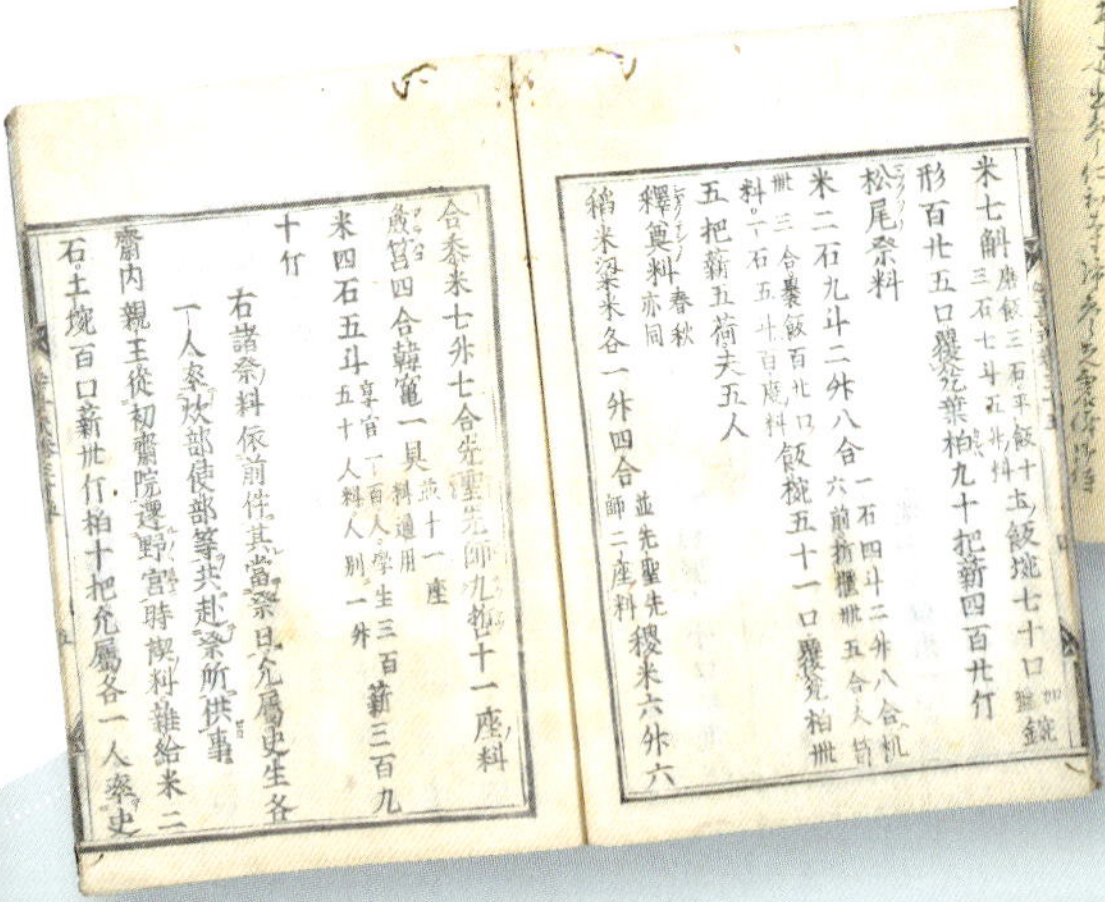

延喜式（江戸時代版本）
35巻　大炊寮

米二石九斗二升八合の松尾祭料の内訳として、「裹飯百廿口料」が挙げられている。

横浜市歴史博物館蔵　59-1

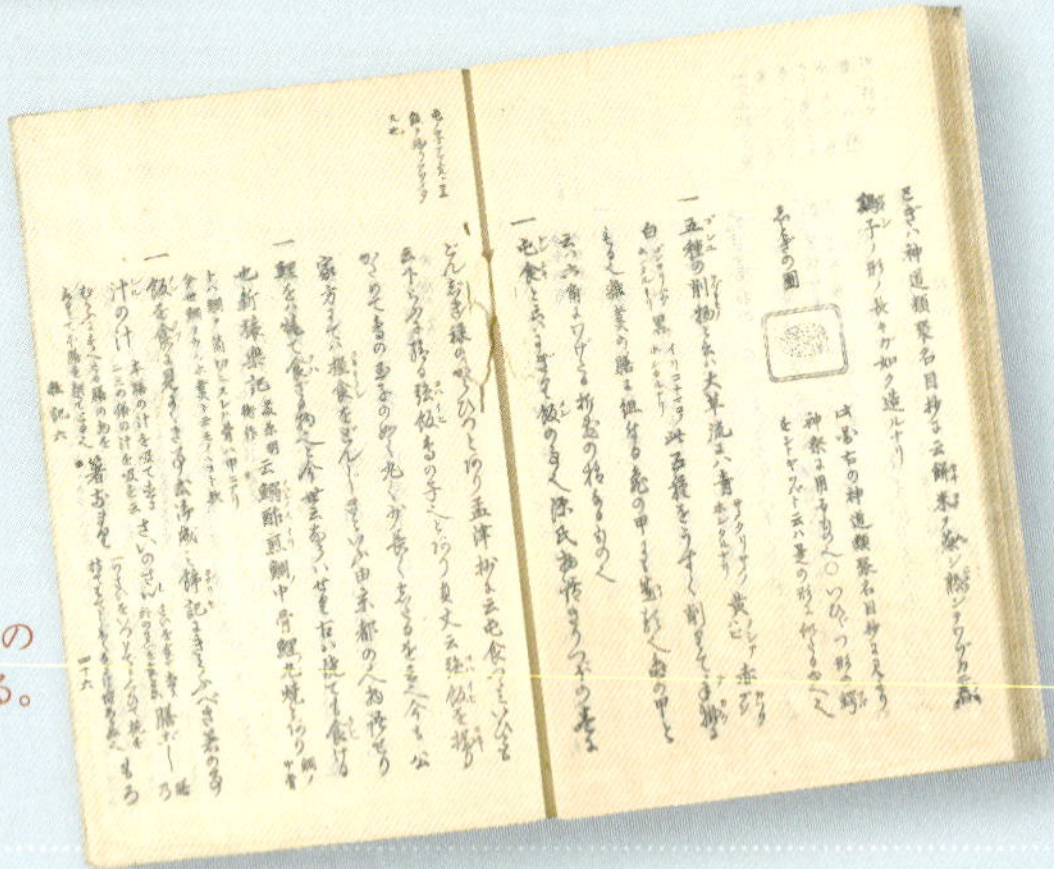

『貞丈雑記』

江戸時代後期に書かれた、古来からの儀式の研究書。屯食は握り飯のことだと述べている。

国立国会図書館蔵　59-2

はなく柏《かしわ》の葉に飯を包んで渡したものだとされている。さらに江戸時代後期の『貞丈雑記《ていじょうざっき》』には、屯食《とんじき》とは強飯を鳥の卵のように固めた握り飯を指すと述べられている。

どうやら「とんじき」は大きな行事の際に配られた食品だったようだ。下々の者におにぎり弁当がふるまわれたと考えればよいのだろうか？

おにぎりを探して

このようにおにぎりの資料が少ないということは、中世以前にはおにぎりはあまり食べられていなかったのだろうか？　いや、そう決めつけるのはまだ早い。

次章では遺跡からの出土資料に目を向け、絵図などに描かれなかったおにぎりの実態を探っていこう。

第3章◉はじめてのおにぎり

戦国時代のおにぎり

城跡からは
焼けたコメが
見つかることも
あります〜〜〜！

これまで、文献史料からおにぎりの歴史を探ってきた。それでは、こうしたおにぎりの存在を考古学的に確認することはできるだろうか？

　コメのような植物遺体[※1]は微生物などによって分解されてしまうため、日本の土壌中で長期間残る条件は限られている（佐々木二〇一四）。一つは、低湿地遺跡で「水漬《づ》け」になっている場合で、真空パックのように酸素が遮断されて長期間保存される。もう一つは、炭化して組織の形だけが残った場合である。

　炭化したコメが遺跡から出土する例は比較的多く、その中には塊《かたまり》状《じょう》になっている例もある。こうした「炭化米塊[※2]《たんかまいかい》」の中に、おにぎりが含まれているかもしれない。実際の出土事例をみていこう。

　戦国時代の城跡などからは、炭化米や炭化米塊がみつかることが多い。中には「おにぎり」として報告される例もあるが、詳細な観察や分析が行われた事例は、実はあまり多くない。この時代にコメやおにぎりが存在するのは当たり前だと考えられているためもあるかもしれない。

　こうした炭化米塊の表面を観察して籾殻《もみがら》が確認できれば、まだ籾摺《す》りされていない籾の状態だと判断できる。籾殻が確認できない場合は、籾摺り後の玄米ないし精米ということになる。粒がつぶれるなど変形している場合は、やわらかく調理されたご飯の塊である可能性が高い。

　籾や玄米の場合は、戦いに備えて蓄えてあった兵糧が焼き討ちにあったのだろうか。ご飯やおにぎりの場合は、戦《いくさ》を前に腹ごしらえをしていたのかもしれない。

京都市山科本願寺《やましなほんがんじ》 出土　中世　16世紀前半

コメの向きが一定ではない。一部には籾殻も
ワラ状のものが付いている。米俵に詰められていたか？

炭化籾塊
（公財）京都市埋蔵文化財研究所蔵　36 1

京都市の東側に位置する山科本願寺跡の井戸や土坑から、まとまって炭化米塊が出土している。山科本願寺は、1532（天文元）年に六角定頼と法華一揆の攻撃を受けて焼け落ちた。出土した炭化米塊は、この山科本願寺合戦時のものである可能性が高い。表面を観察すると、籾殻が一部に残存している。取れてしまっている粒も多いが、本来は籾の状態で炭化したと推定される。粒の方向は一定ではないため、脱穀後であろう。つまり、この資料は籾が炭化して塊になった「炭化籾塊」である。表面にワラ状の単子葉植物の稈（かん・中空の茎）が並列、あるいはランダムに付着している。脱穀後に米俵に詰められていたものが焼けたために、塊となって残ったものだろう。

用語解説

植物遺体　※1 >>>P48
過去の植物の器官（種実や枝、幹、葉、花粉など）が堆積物中に残されたもの。

炭化米塊　※2 >>>P48
コメは、収穫された稲穂から、脱穀して籾、さらに玄米、精米、炊飯をしてご飯、それを握っておにぎりとさまざまな段階のものがある。遺跡から出土するコメの炭化物も、炭化稲穂塊や炭化籾塊など、さまざまな段階のものがあるが、本書ではそれらすべての状態を含めた用語として、「炭化米塊」と称することとする。

富山市小《こ》出《いで》城跡 出土 中世　16世紀後半

炭化籾塊
富山市教育委員会蔵　36-2

小出城は富山市の東北部、富山湾に近い平地に位置している。炭化米塊は溝の埋め戻し土から出土し、16世紀後半頃に位置づけられている。小出城をめぐっては、16世紀後半に織田方と上杉方の間で激しい争奪戦が繰り広げられたことが知られているので、この炭化米塊もその際のものかもしれない。表面に籾殻が残存しており、方向が一定でないことから、やはり脱穀後の籾が炭化した炭化籾塊だと考えられる。

京都市伏《ふし》見《み》城城下町跡　出土　近世　1600年頃？

炭化ご飯塊（容器入り）
(公財)京都市埋蔵文化財研究所蔵　37-2

伏見城下の大名屋敷の建物跡からみつかった炭化米塊である。関ヶ原の戦いの前哨戦である伏見城の戦いでは、宇喜多秀家率いる西軍が鳥井元忠の守る伏見城を攻め落とし、伏見城下は大規模な火災にあった。その前後にも何度か火災があったことが知られているため厳密には絞り込めないが、1600年頃のものであろう。

割れているため本来の形状は不明だが、胚が失われたコメが糊着（こちゃく）して塊になっており、調理されたご飯であることは確実である。木材やタケ・ササ類の葉が付着している個体もあるため、容器に入れられていた可能性が高い。容器入りの炭化ご飯塊である。おにぎりの可能性もあるが、確実ではない。

新潟県鮫ヶ尾《さめがお》城跡 出土 中世 1579年？

炭化おにぎり
妙高市教育委員会蔵 37-1

鮫ヶ尾城は上杉謙信死後の家督をめぐる御館（おたて）の乱で1579（天正7）年に落城し、上杉景虎が最期を迎えた城である。この炭化米塊も、その戦いのときのものかもしれない。雑穀が混じらない玄米の塊であり、表面の一部にササないし布の圧痕（あっこん）がみられる。別の個体ではCT解析の結果、周囲が密な状態が観察されている。調理されたご飯の塊であり、おにぎりであった可能性が高い。

炭化おにぎり
妙高市教育委員会蔵 37-1

鮫ヶ尾城跡からは多数の炭化米塊が出土している。

石川県白《しら》江《え》梯《かけはし》川《がわ》遺跡 出土 古代末〜中世

筋状の植物遺体

炭化おにぎり？
石川県埋蔵文化財センター　31.3

白江梯川遺跡（石川県）で、古代末〜中世の土坑から出土した炭化米塊である。米粒が変形していることから、やはり調理済みのご飯の塊だったと考えられる。炭化米塊の表面にワラ状の圧痕が残っている部分があるので、植物遺体にくるまれていたのかもしれない。指で押さえたような跡も残っている。米粒の下に植物遺体の面が見える部分もあるが、どのように生じたものかはっきりしない。

特徴的なのは割れ口に筋状の植物遺体が残ることで、握ったご飯に木の棒を突き刺した「五平餅（ごへいもち）状」の食物だったのではないかと推測されている。ただし、ご飯をついて餅にした形跡はみられないので、おにぎりの一種と考えておく。

五平餅は中部地方の山間部に伝わる郷土料理です

お墓から出たおにぎり！

中世の炭化米塊の中には、墓から出土する例もある。合戦時に残された炭化米塊が偶然の産物であるのに対して、これらは意図的に残されたものである。

おにぎりの中にお金が？

横浜市北部の上の山遺跡（同市都筑区）では、台地斜面に設けられた中世の墓地が調査された。四八基の墓のうち、二基から炭化米塊が見つかっている。この二つの炭化米塊はいずれも取り上げ時に破損してしまったが、そのおかげで面白い事実が判明した。なんと炭化米塊の中に銭が入っていたのである。

四〇号墓出土例①は、元々は一辺八センチ、厚さ三・五センチ程度の三角形をしていたという。破損して現在は径五〜六センチ程度の不整形となっているが、中に銭が三枚入っていることを確認できる。籾殻は残っておらず、粒同士は糊着《こちゃく》している。調理されたご飯であり、さらに「おにぎり」であった可能性が高い。

表面には一部布の繊維が残っている。この布については、顕微鏡観察によって、植物繊維を平織りしたものだと推測されている。布に包まれていたか、あるいは布袋に入っていたものかもしれない。

四一号墓から出土した炭化米塊はバラバラになってしまったが、四枚の銭が入っていた。ほかには十二基から銭が出土しているが、おにぎりに入っていたものがほかにもあったかもしれない。

四〇号墓と四一号墓は、いずれも一五世紀後半の火葬墓であった。現代日本で行われている火葬のように、遺体を灰にしてから骨壺に納めるという方法ではなく、土坑内で荼毘《だび》に付して、そのまま埋めるという方法である。残りのよかった四〇号墓では、土坑の底に薪《たきぎ》を敷いてその上に遺体をのせ、さらに薪を積んで燃やしたことが確認できた。

蒸し焼き状態になったため、燃焼材が葉や茎まで残っており、木製の数珠《じゅず》も出土している。炭化おにぎりも、やはり火葬時に蒸し焼きになって残存したものであろう。

上の山遺跡の発掘調査から十数年後の二〇〇四年、横浜市南部の杉田東漸寺《とうぜんじ》貝塚（同市磯子区）で、やはり火葬墓から銭入りのおにぎり②が

① 銭入り炭化おにぎり　横浜市上の山遺跡40号墓　出土　中世

銭入りおにぎりの復元

横浜市歴史博物館蔵　38-1

出土した際に破損してしまったが、もともとは三角形のおにぎりだった。銭が3枚入っているのがわかる。写真は、同一のものを二方向から撮影したもの。

おにぎりの表面。布の繊維が残っていた。

みつかった。残念ながら取り上げ時に破損してしまったが、四枚の銭が入っていたという。横浜市域以外での銭入りおにぎりの出土例は知られていなかったが、二〇一六年に埼玉県桶川市大平《おおひら》遺跡の資料が報告された（一一四ページ、トピックス参照）。中世の南関東で、銭入りおにぎりを墓に入れる風習があったことは間違いなさそうである。

具材入りおにぎり存在の証拠？

葬儀にあたってご飯を備える枕飯（一膳飯）の風習は現在も残っている。墓におにぎりを入れる行為はこれと通ずる面があり、おそらく死出の旅路の食料としての性格をもっていたのだろう。銭を入れるという点では六道銭[※1]とも関係するのかもしれない。しかし、民俗例を探索しても、「銭入りおにぎりを墓に入れる」と

② 銭入り炭化おにぎり　横浜市杉田東漸寺貝塚　出土　中世

(公財)横浜市ふるさと歴史財団埋蔵文化財センター蔵　38-2

この遺跡からも、銭入りおにぎりが見つかった。取り上げ時に破損してしまったが、銭が4枚入っていたという。

いう風習そのものは見当たらないため、どんな意味をもっていたかについては推測の域を出ない。

ここでは、おにぎりの「中に」銭を入れている点に注目したい。日本のおにぎりの特徴の一つとして、白いご飯の中に具材を少量入れるという点がある。すでにみたように文献や絵画資料からは、具材を入れる習慣がどこまでさかのぼるかを確認することは難しい。しかし、ここでみた資料によって、中世には「おにぎりに銭を入れる」習慣があったことが明らかになった。

もし、おにぎりに具材を入れることが全くなかったとしたら、果たして「おにぎりに銭を入れる」という発想が出てくるだろうか？　そのように考えると、少なくとも一五世紀後半頃には、具材入りのおにぎりが存在した可能性が高いといってよいだろう。

③ 炭化おにぎり　横浜市杉田東漸寺貝塚　出土　中世

（公財）横浜市ふるさと歴史財団埋蔵文化財センター蔵　38-3

保存状態のよい炭化おにぎり。内容物を確認しようとCTスキャンを行ったところ、針のような金属が入れられていることがわかった。

炭化おにぎりのCTスキャン画像。

写真　中央大学植物系統進化学研究室　38-4

針状の物体もおにぎりに

杉田東漸寺貝塚では、この壊れた銭入りおにぎりのはかにも炭化おにぎり③が出土している。だが、破損していないために、中に銭が入っているかどうかは不明だった。

この炭化おにぎりの中身を確認するため、CTスキャン※2による解析を行った。残念ながら銭は確認できなかったが、長さ三五ミリの針状の物体が確認された。この金属がいったい何なのかは不明で、さらに謎が深まる結果となった。

用語解説

六道銭
※1 >>>P55
死者を葬るとき、棺の中に納める6文の銭。三途（さんず）の川の渡し銭などといわれる。

CTスキャン
※2 >>>P57
コンピュータ断層撮影。放射線を使用して断層撮影を行う。対象物を破壊せずに内部の構造を確認できることから、出土遺物や化石、文化財などの調査にも用いられる。

発見！弥生時代のおにぎり？

中世の遺跡からは、おにぎりの可能性が高い資料が出土していることを確認した。

それでは、おにぎりはいつ頃登場したのだろうか？

本格的な稲作が始まった時代である、弥生時代をみていこう。

弥生時代の遺跡からも、炭化したコメが多くみつかっている。

日本列島における稲作開始期であり、考古学者の関心も高い時期である。

唐《から》古《こ》・鍵《かぎ》遺跡 出土 弥生時代

唐古・鍵遺跡

奈良盆地の中央にある弥生時代の集落遺跡。畿内の弥生文化研究の中心的な遺跡で、ここから出土した大量の土器に基づいて、弥生土器編年の骨格が作られた。

炭化籾塊
国立歴史民俗博物館蔵／高橋健撮影　21-2

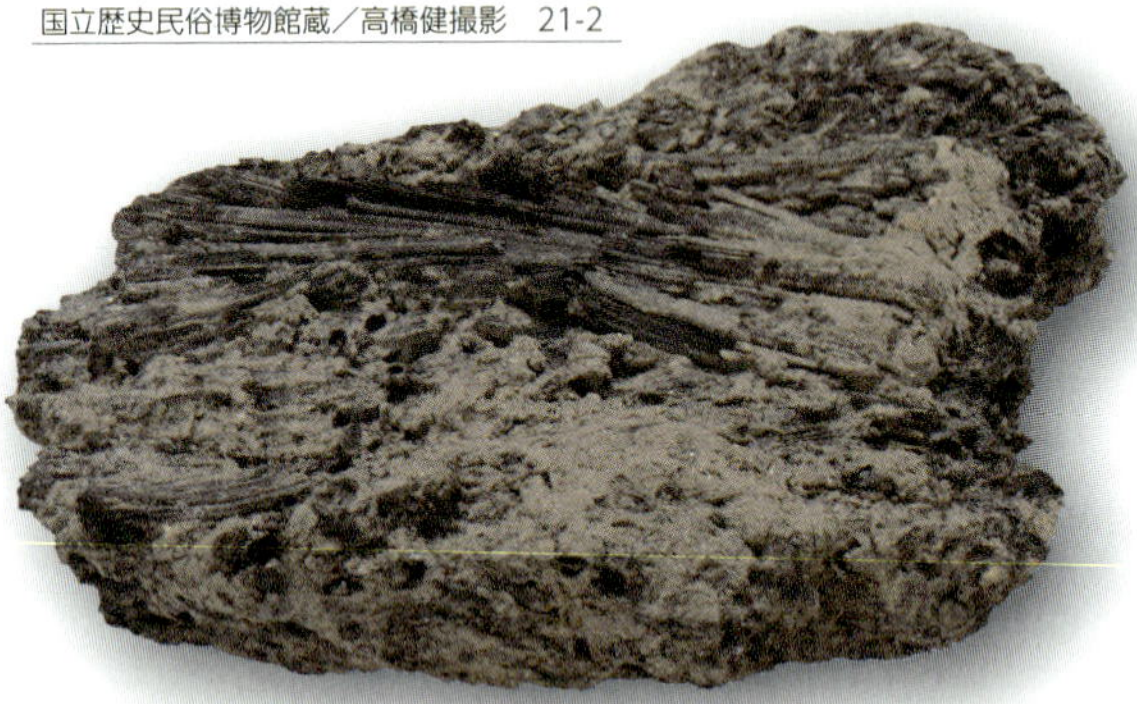

奈良県の唐古・鍵遺跡は低湿地遺跡であるために木製品も大量に出土しており、炭化したコメの塊もみつかっている。この炭化米塊はおにぎりなのだろうか？
炭化米塊の表面を観察すると、殻がついたままの籾の状態であることがわかる。籾の方向が揃っていることや稈がまとまって残る例があることから、稲穂の状態で炭化したと考えられる。したがって、これはおにぎり、あるいはご飯の塊ではなく、「炭化稲穂塊」と呼ぶべきものである。

奈良県

土器に入れられた炭化米塊

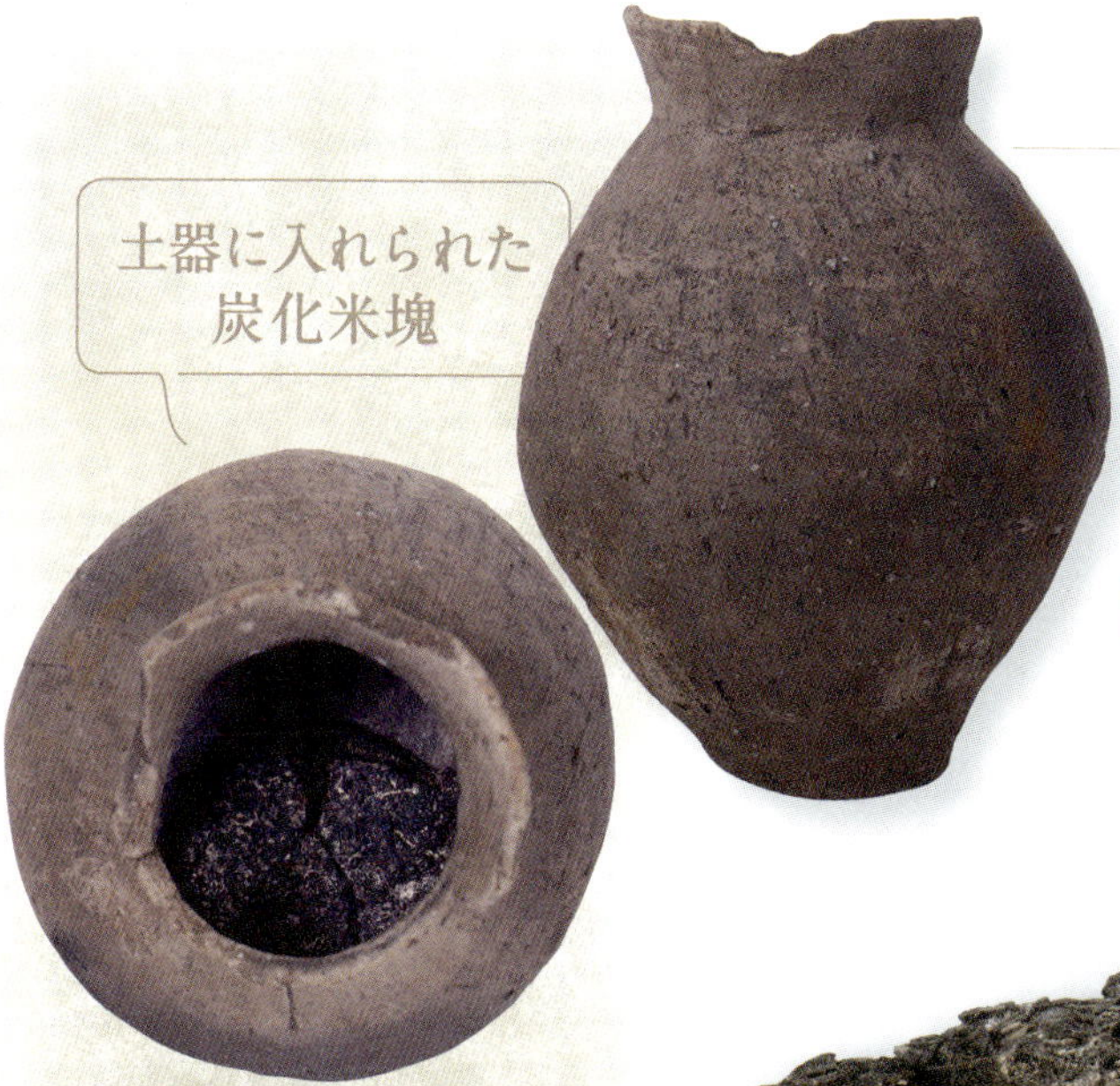

炭化ご飯塊（土器入り）　弥生時代前期
田原本町教育委員会蔵　50-4

唐古・鍵遺跡では、土器の中からも炭化米塊がみつかっている。土器に接していた面はつぶれて平坦になっており、粒を確認できない。変形しているためにイネと確実に同定できるものはないが、形状からみておそらく調理されたご飯塊だと考えられる。土器に接する面では完全に粒が失われていることから、やわらかく煮られた状態だったのかもしれない。
この炭化米塊が入っていた土器は、短頸壺（たんけいこ）と呼ばれる首の短い壺だった。一般的には、弥生時代の甕（かめ）は調理用、壺は貯蔵用とされている。この場合は短頸壺で炊飯をしていたことになるが、これが一般的だったのか、特別なことだったのかはわからない。

稲束

弥生時代前期

田原本町教育委員会蔵　21-1

このような、イネの茎を束ねて縛った状態で出土した資料も、唐古・鍵遺跡にはある。穂そのものは残っていないが、茎の太さからみて穂に近い部分で刈り取られたと考えられている。普段はこのように稲穂を束ねて保管しており、食べるのに必要な分だけを竪杵（たてぎね）と臼で脱穀したのだろう。

新潟県千種《ちぐさ》遺跡 出土 弥生時代

炭化ご飯塊（容器入り）
国立歴史民俗博物館蔵（直良コレクション）／高橋健撮影　35-1

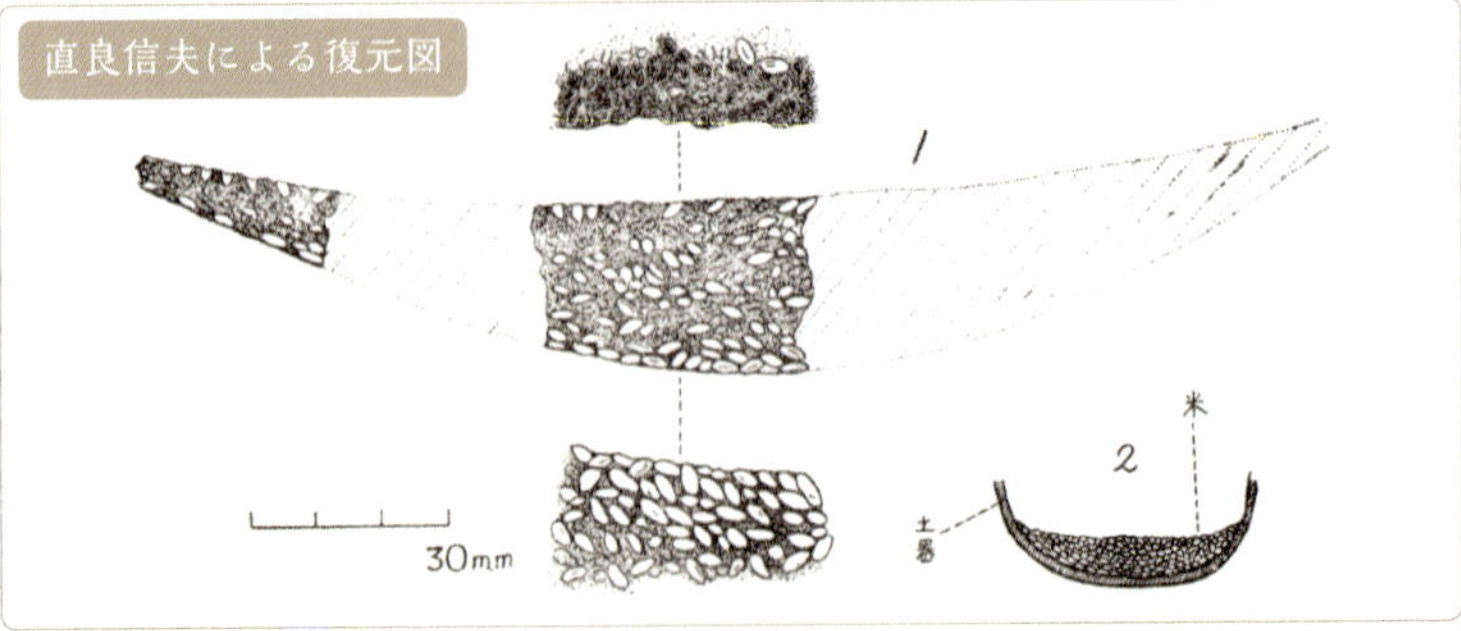

直良信夫『日本古代農業発達史』（1956年）より転載

器で調理された炭化米塊の例として古くから知られている資料である。新潟県佐渡の千種遺跡は、弥生時代終末から古墳時代初頭の遺跡である。

1956年に考古学者の直良信夫によって紹介された炭化米塊は、ゆるやかな曲面をもつことが特徴である。面の部分では米粒が平らにつぶれており、調理されたご飯であったことを示している。ゆるやかな面が形成されているのは、土器に入ったまま炭化したためだと考えられる。調理に失敗して焦げ付いたというよりも、調理中に火災が発生したのだろうか。

神奈川県砂田台遺跡 出土 弥生時代中期後半

神奈川県秦野市砂田台遺跡は、弥生時代中期後半の大規模な環濠集落である。焼失住居である68号住居跡から、複数の炭化米塊がみつかっている。写真は中でも最大の塊で、長径8cm・短径5cmの楕円形を呈している。写っているのは割れ面で、籾殻が残っていることが観察できる。方向はバラバラなので稲穂ではなく、脱穀後・籾摺り前の炭化籾塊だと判断できる。塊になっているのは、なんらかの容器に入ったまま炭化したためだろう。

炭化籾塊
神奈川県埋蔵文化財センター蔵　31-1

横浜市大塚遺跡 出土 弥生時代中期後葉

横浜市大塚遺跡では、弥生時代中期後半の環濠集落が全面発掘された。竪穴住居跡や環濠内から炭化米が出土している。この炭化米塊は、焼失住居である26号住居跡から出土したもので、長径9.8cmを測る。籾殻は観察できない。粒が立ち、密度の差もみられないことから、籾摺り後の炭化玄米塊だろう。なんらかの容器に入っていたと考えられるが、容器の種類を知る手がかりは残っていない。

炭化玄米塊
横浜市歴史博物館蔵　30-1

神奈川県久門寺《くもんじ》遺跡 出土 弥生時代後期

伊勢原市久門寺遺跡から出土した弥生時代後期の炭化米塊は、糊着しているため種子の形状はほとんど不明である。部分によって特に密度に差はみられないため、ご飯の塊だと判断した。この炭化米塊は、土器の中から出土したとされている。土器に接していた面ははっきりしないが、これも調理中に火災にあったものだろうか。

炭化ご飯塊
伊勢原市教育委員会蔵　30-2

神奈川県真田北金目遺跡 出土 弥生時代後期

炭化ご飯塊（容器入り）
平塚市教育委員会蔵　32-1

平塚市真田北金目遺跡群では、弥生時代後期の焼失住居である32B区SI008の床面から、炭化米塊が3点出土した。表面に、茎状の素材で編まれたかごの痕跡が残っている。かごの痕跡が残ることから、調理されたやわらかい状態のご飯の塊であったことは間違いない。おにぎりだった可能性もあるが、平坦面の形状は、握ったというよりも容器に当たっていたようである。かごに入った炭化ご飯塊だと考えておきたい。

石川県杉谷チャノバタケ遺跡 出土 弥生時代中期末

炭化おにぎり？
石川県埋蔵文化財センター蔵　31-2

最古の「おにぎり」？

石川県杉谷チャノバタケ遺跡から出土した炭化米塊は、最古の「おにぎり」としてしばしば取り上げられる資料である。しかし、発掘調査時は「チマキ状炭化米」として報告されていた（橋本一九九一）。果たしてどのように考えるべきか、観察結果に基づいて考察してみよう。

現状は高さ八・五センチの二等辺三角形をしているが、新しい割れ面と古い割れ面があるため、本来はもっと大きな塊の一部だったと考えられる。写真右の左側面に、単子葉植物の葉の圧痕が残っている。したがって、調理されたやわらかい状態のご飯であったことと、葉に包まれていたことは間違いない。しかし、部分による米粒同士の密度の違いなどは観察できないため、おにぎりであったかどうかは判断できない。

報告では、離脱した炭化米粒の観察から、糯《もち》米を蒸したものだと推測している。モチ米を葉にくるんで蒸したとすればまさにチマキであるが、弥生時代中期末の北陸地方でコメを蒸す調理法が一般的だったとは考えにくいなど、疑問も残る（第四章参照）。ここでは、調理されたご飯を葉に包んだまま焼けた「炭化ご飯塊」と考えておきたい。

今までみてきたように、弥生時代には炭化米塊の出土例が多く、その中には調理されたご飯の塊も確実に存在する。おにぎりの可能性がある資料も含まれるが、確実なものは存在しない。

古代のおにぎりを探る

文献資料からみると、少なくとも平安時代にはおにぎりや、それに似た包み飯が存在していたようだ。

では、古代の遺跡から出土した炭化米塊の中には、「おにぎり」はあるだろうか？

神奈川県西富岡遺跡　出土　古代

炭化籾塊
伊勢原市教育委員会蔵　30-5

土坑から出土した炭化米塊である。籾殻が残っており、粒の方向はランダムなため、脱穀された籾の塊である。袋などの痕跡はないが、塊状になっていることから、なんらかの容器に入ったまま炭化したのだろう。

横浜市杉田東漸寺貝塚　出土　古代

炭化玄米塊
(公財)横浜市ふるさと歴史財団埋蔵文化財センター蔵　30-4

中世の火葬墓から銭入りおにぎりが出土した遺跡（54ページ参照）だが、こちらは古代の貝層から出土した炭化米塊である。籾摺り後の玄米の塊だと考えられる。

岩手県大平《おおだいら》遺跡　出土　古代　10世紀後半

炭化精米塊
一戸町教育委員会蔵　30-3

現在はバラバラになってしまっているが、出土時は塊状であった。胚が失われているため、精米だと考えられる。横方向に顕著なクラックが観察されるため、糒（ほしいい・干飯）であった可能性もある。

器に入ったご飯

調理されたご飯の塊があったとしても、イコールおにぎりということにはならない。
　すでに弥生時代のところで土器に入ったまま炭化したご飯の例をみたが、古代には木製の器に入ったままの状態で出土したご飯の例がある。調理後のご飯を盛りつけた状態で炭化したものだろう。

青森市野木遺跡 出土　古代　9世紀後半

焼失住居の中央近くから、調理されたご飯の塊が木製椀に盛られた状態で出土したものである。椀の素材は広葉樹である。粒が変形しているため、調理されたご飯だったと推測される。外側でも粒立ちしている様子は、「おにぎり」とは異なるご飯塊の特徴をよく示している。

炭化ご飯塊（容器入り）
青森県埋蔵文化財調査センター蔵　34-1

青森県高館遺跡 出土　古代

焼失住居から木製椀にご飯が盛りつけられた状態で3～4個体分が出土したという。同じ遺跡からは、木製の蒸し器（蒸籠〔せいろ〕）も出土している。割れているが、本来は直径5cm、高さ約4cm程度あったものか。側面にササの葉のような幅広の植物圧痕があり、ご飯がやわらかいうちについたものである。外側ではコメの形状が識別できず、密度が高くなっているため、おにぎりであった可能性もある。

炭化ご飯塊（容器入り）
青森県埋蔵文化財調査センター蔵
34-2

①青森県倉越(2)遺跡

古代　10世紀前半

出土

炭化ご飯塊（布目）
青森県埋蔵文化財調査センター蔵　32-4

布に包まれたご飯たち

ご飯塊の表面に布の圧痕や、布そのものが残されていることがある。これは炭化した時点でご飯が布に包まれていたことを示している。布によって包まれているという点に注目すれば、文献に登場する「包み飯《いい》」との関係も問題になるかもしれないが、包み飯は葉で包んだと解釈するのが通常である。

調理中に布に包んでいたとすれば、蒸す炊飯方法と関係している可能性が高い。次章でみるように、古代における炊飯方法は、蒸す方法によるものだったと考えられており、布の痕跡を残す資料も古代の例が多い。

青森県倉越（2）遺跡の炭化ご飯塊①は、焼失住居のカマド近くの床面から出土した。湾曲した面全体に布目の痕跡ないし布そのものが付着している。容器に入った状態で、蒸し加熱法による調理中に炭化したものと考えられる。

千葉県の海神町遺跡出土の炭化ご飯塊②は、平坦な面に布目が残っており、これも容器に入った状態で炭化したものだろう。

千葉県新城遺跡の炭化ご飯塊③は、焼失住居の床上の焼土層内からみつかった。カマドとは反対側の壁際であり、調理後のものであろう。表面の布目の残る面が波打っており、上部の中心に向かって巾《きん》着《ちゃく》包み（茶巾《ちゃきん》絞り）にしているようにみえる。蒸し加熱法による調理の後に、布ごとご飯のかたまりを取り上げて絞ったものだろうか。

② 千葉県海神町遺跡 出土　古代？

炭化ご飯塊（布目）
国立歴史民俗博物館蔵／高橋健撮影　32-2

③ 千葉県新城遺跡 出土　古代　9世紀末～10世紀

炭化ご飯塊（布目）
多古町教育委員会蔵　32-3

波打っている

布に包まれていた様子を
復元した模型

炭化ご飯塊

横浜市北川表の上遺跡 出土

古墳時代後期 6世紀

古墳時代のおにぎりが出た!!

ほぼ実物大
握りこぶし大の
ブロックに分かれた、
ご飯の塊を発見!

横浜市北部の古墳時代後期の住居跡からみつかった炭化米の塊。

(公財)横浜市ふるさと歴史財団埋蔵文化財センター蔵　19-1

一九八三年、横浜市北部の港北ニュータウン遺跡群の一つである、北《きた》川表《がわおもて》の上《うえ》遺跡の発掘調査が行われていた。古墳時代後期（六世紀）の四〇号住居跡は、火災にあった焼失住居であり、竪穴住居の覆土《ふくど》や床面に焼土や炭化材が堆積していたが、その中に大きな炭の塊があった。調査当時の記録写真をみると、床面を掘り下げる作業の途中で、すでに真っ黒なかたまりが顔を出しているのを確認できる。出土した位置は、カマドのある住居北側の壁に近い、柱のすぐ脇の床面である。

表面の粒々から炭化米の塊であることはすぐにわかり、取り上げた後には樹脂による保存処理が行われた。その後は整理事務所において保管されていたが、それほど注目されてい

復元!

出土した炭化ご飯塊の復元模型。

横浜市歴史博物館蔵

復元製作　高宮紀子　29-4

ご飯の塊が、網代編みの籠に入れられていた。
写真は復元（→74ページ参照）。

たわけではない。この資料が一躍脚光を浴びるのは発掘後二五年以上経ってからのことだった。

二〇〇九年に北川表の上遺跡の発掘調査報告書が刊行されることになり、分析のために資料を実見した植物考古学者の佐々木由香さんが、これほどの大きさの炭化米塊は非常に珍しいことを指摘し、表面の観察に加えてCTスキャンによる解析を行うことを提案したのである。

籠に入れられた痕も

まずこの炭化米塊を肉眼で観察してみよう。現状で長さ一四・五センチ、幅一三・〇センチ、高さ九・二センチを測る。もともとは直方体だったものが、少し斜めに崩れてしまったらしい。高さのある場所から落下した可能性もあるが、それほど大きく壊れてはいないことから、おそ

北川表の上遺跡40号住居跡の全景

写真左上の柱穴近くの床面直上に炭化米塊がみえる（矢印）。

写真　(公財)横浜市ふるさと歴史財団埋蔵文化財センター　25-1

「おにぎり」の出土状況

「おにぎり」状の炭化米塊は床面に置かれたまま火を受けたとみられる。付近からはドングリ類やマメ類の炭化種子も出土した。

写真　(公財)横浜市ふるさと歴史財団埋蔵文化財センター　25-2

らく床面に置かれたまま火を受けたのだろう。上面のくぼみは材が落下してつけられたものかもしれない。

一見しただけではただの真っ黒な塊だが、表面をよく観察することで、さらに多くの情報を得ることができる。底面には樹皮が張り付いている。側面と底面の一部には籠目の圧痕が残されており、一部にはひご状の材そのものも残っている。

この圧痕を詳細に観察すると、網《あ》代《じろ》編みであることもわかった。複数の面でこの圧痕が残ることから、容器はもともと直方体であったと考えられる。

したがって、この炭化米塊は、直方体の網代編みの籠に入れられて樹皮の上に置かれていたと推測できる。籠の素材については、はっきりと同定できなかったが、イネ科タケ亜科と同定されている。当時の日本列島にはマダケやモウソウチクはないため、おそらくササ類の稈《かん》を切り開いてヒゴにしたのだろう。

表面にみられる細長い粒々は、米粒である。籾殻が付着したものはないため、籾摺り後の状態であったことがわかる。また、この塊から脱落した粒を観察したところ、表面の溝が明瞭に残っていたので、玄米だったと考えられる。ただし、現在でいうところの「何分づきか」というところまでをこの基準で区別することはできないので、あくまで、「精米度が低い」という意味である。

種子（米粒）の大きさの平均は、長さ四・六ミリ、幅三・二ミリで、幅広く大きい個体が目立った。粒の

おにぎりの表面を観察する

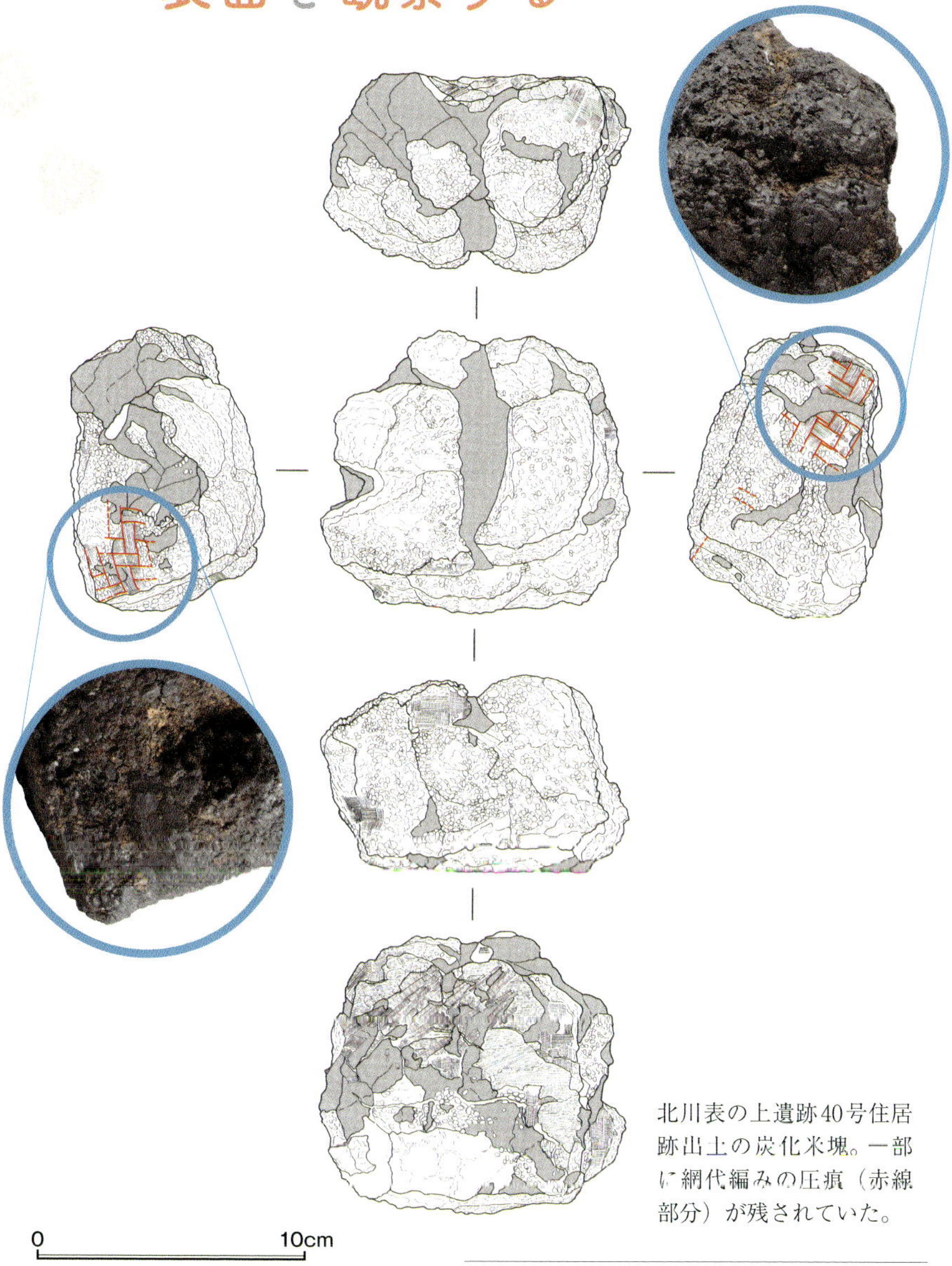

北川表の上遺跡40号住居跡出土の炭化米塊。一部に網代編みの圧痕（赤線部分）が残されていた。

原図　（公財）横浜市ふるさと歴史財団埋蔵文化財センター『北川表の上遺跡』港北ニュータウン地域内埋蔵文化財調査報告42（2009年）／網代（赤線）は佐々木由香氏加筆　26-1

一つ一つは立っておらず、平坦につぶれた状態の粒が多くみられる。籠目の圧痕が残ることからも、調理されたやわらかい状態のコメ、つまりご飯であったと考えられる。一方、上面には平坦面や圧痕はみられない。

調理後のコメが、複数の塊に

CTスキャンによって炭化米塊内部の解析を行ったところ、以下のことがわかった。

まず、粒の大きさはほぼ同じであり、具材が入っている様子はない。イネよりも小さな種実の場合は、CTスキャンの解像度では読み取れない可能性がある。しかし表面の観察および部分的に高解像度で実施した解析によっても認められないことから、そうした小さな種実（アワ、キビ等の雑穀）を混ぜた可能性は低いだろう。

次に、内側では粒状の形状を保っていて空隙があるのに対し、底面側ではつぶれていて密である。これは、表面観察からも推測したように、コメが調理後のやわらかい状態であったことを示す。

さらに、内部に溝があって複数のブロックに分かれている。一部に不明瞭な部分はあるものの、全体で八つほどの塊に分かれている。この溝は、表面上部の溝とも対応している。衝撃で炭化米塊が割れたクラックの可能性も否定できないが、割れ目付近で粒が密集する傾向がみられることから、もともと複数のブロックに分かれていた可能性が高い。

籠は弁当箱か？

調理されたご飯が籠に入って出土したという点について、どのようなケースが考えられるだろうか。籠そのものが調理に使われた「蒸籠《せいろ》」であった可能性、調理されたご飯を移す「お櫃《ひつ》」だった可能性、ご飯をどこか別の場所で食べるための「弁当箱」だった可能性などが考えられる。しかし蒸籠だとした場合、土器の口は円形であるから、直方体の籠では使いづらいだろう。また民俗例をみても、保温性を重視したためか、直方体のお櫃の例は少ない。したがって、この籠は弁当箱だった可能性が高いと考えておきたい。

さて、上記の分析結果をまとめてみよう。北川表の上遺跡出土の炭化米塊は、玄米がほかの穀物を混ぜずに調理されていた。具材は入らず、いくつかの握りこぶし大のブロックに分かれた状態で、弁当箱と思われる籠に入って樹皮の上に置かれていた。このような状態のご飯の塊は、われわれが現在「おにぎり」と呼ぶものに相当するのではないだろうか。

おにぎりのX線CTスキャン分析

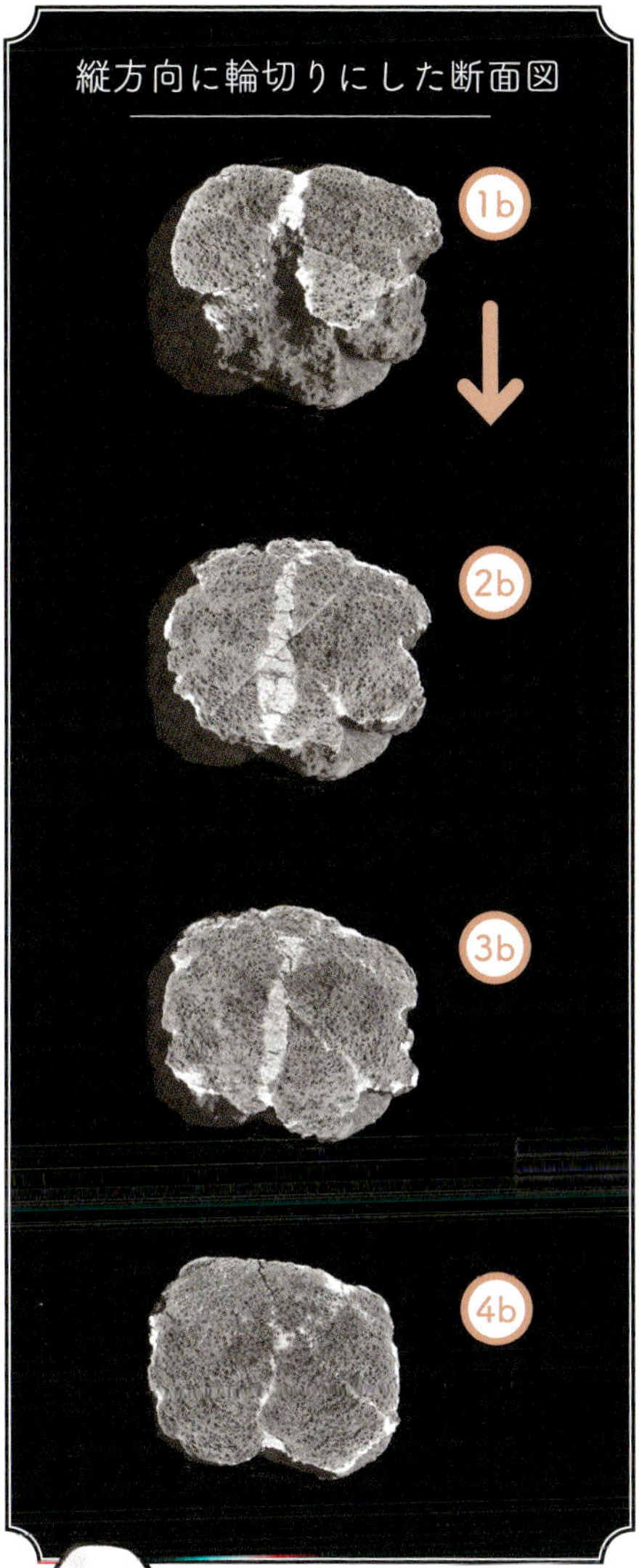

(株)パレオ・ラボ、(株)マイクロスコーピックスキャン社(当時)提供 27-1a、b

トピックス

古墳時代のお弁当箱を復元する

高宮紀子——バスケタリー作家

横浜市歴史博物館の企画展「大おにぎり展」（二〇一四年）にあたり、北川表の上遺跡で見つかった、おにぎりが入ったかご＝お弁当箱の復元を手がけました。このお弁当箱、おにぎりを入れておいただけなのか、どこかへ持っていく用意をしていたのか、いろいろな想像が浮かんできます。

遺物の側面などに、わずかに編んだ組織が残っていて、ササ類の稈が使われていたことがわかっています。二本ずつ越えて潜る網代編みのようで、材の幅は太いところで七ミリ近くあります。実際には蓋は出土していませんが、蓋があると運ぶことも容易になるので、作ってみました。

② 復元途中のかご底部。

素材と編み方の関係は？

実際の復元にはアズマネザサを使いました。これらの稈を縦方向に四分の一に割って細い材をとります。その後、節《ふし》を取り、木部《もくぶ》の部分を少し剝《は》いで薄い材にします。細いササ類の稈ではタケのように木部だけで編むということは難しく、できたとしても丈夫ではありません。皮が付いた薄い材を使うこととなると思います。そうすると、皮の面か、木部の面、どちらを表側に向けて編んだのかという疑問がわきます。また、タテ材は木部を表側にし、ヨコ材は皮面を表側に編むということも可能です。

写真②は直径が一・五センチぐらいのアズマネザサの稈を四分の一に割いて底を組んでみたところです。幅は五ミリ前後、これでも一ミリ以下の厚みで薄く削《そ》いでいますが、隙間があいています。遺物に残った組織の材は幅が少し広く、しかもきっちり詰まっているので、もう少し太い稈から材をとったのでは、という疑問を確かめたくなります。このように植物の種類がわかると、その素材としての柔軟性がどう

① 「お弁当箱」の完成品。

復元製作　高宮紀子　29-4

だったのか、加工が可能なものならば、厚みや幅の範囲がわかります。また、実際に同じ大きさ、組織を編んでみると、素材と編み方の関係が浮かんでくることもあり、いろいろなことが繋がるおもしろさがあります。

技術の高さを実感

材料のアズマネザサは八月に採取された直径が一〜二センチ前後のもので、稈を四分の一に割り、五ミリ前後の幅に揃えてタテ材、ヨコ材を作りました。

節を取った後、木部を剥いで薄くするのですが、水に浸けると剥げやすく、また自然に五ミリぐらいの幅になることがわかりました。この段階で厚みが一ミリぐらいですが、さらにほとんど皮の部分になるまで削ぎ、〇・四〜〇・六ミリの厚みにしました。こうなると手の感覚でも違いがわかります。

当時、金属の刃物はあったとのことで、薄い材を作るのはたやすく、いろいろな幅や厚みに加工して違う形のかごも編んでいたことでしょう。しかし、縄文時代の遺跡からも同じササ類のかごが出ていて、やはり薄い材が使われています。稈を割って薄い材にするために、金属以外の道具や方法がすでにあったと思われます。

炭化おにぎりの塊の形から、かごには角を作りました。薄いとはいえ、タテ材の弾力を押さえて垂直に立ち上げるのは難しい。そこで火で温めたヤットコでタテ材を押さえました。この後、一旦縁まで編んで丸い胴体のかごにして、再び遠火で角ができるように上から押さえました。

乾燥後、少し編み目が縮んだように見えます。角を作ったこと、夏に採取した材であることも関係があるかもしれません。遺物の組織から考えると、目の詰まったかごであったことは確かで、複雑な技術ではありませんが、編み手の技術の高さを感じます。このように実際に復元することで、当時の素材の加工についていろいろなことがわかるとともに、当時の人びとの仕事に対する集中度や完成度が浮かび上がってくるのです。

③ 材料に使ったアズマネザサ。

④ 素材を薄く削ぐ。

⑤ ほぼ編み上がったところ。

製作途中の写真②〜⑤は筆者提供。

トピックス

おにぎりのマツリ？——古墳時代のおにぎりのナゾ

高橋 健——横浜市歴史博物館学芸員

北川表の上遺跡の「おにぎり」は、焼けた住居から出土した。

「お弁当を作って出かけようとしたら、家が火事になったのでしょうか？」

「大おにぎり展」会期中の展示解説ではこんな牧歌的な（？）説明をしていたが、実は気にかかっていたことがある。それは、この住居からおにぎり以外にも玉類や挂甲小札《けいこうこざね》などの特殊な遺物が出土していることである。特殊な遺物と炭化おにぎりが同じ住居から出土したことは、単に偶然が重なっただけなのだろうか？

おにぎりと出土遺物

北川表の上遺跡は、港北ニュータウン遺跡群の東端、北に早渕《はやぶち》川をのぞむ標高約二〇メートルの台地上に位置する。北川谷と呼ばれる支谷に面した遺跡群の一つである。発掘調査は、一九八三年から八七年にかけて三次にわたって行われ、旧石器時代から奈良・平安時代に至る遺物・遺構がみつかった。特に弥生時代終末期から古墳時代前期初頭にかけての竪穴住居が多い。炭化おにぎりが出土した四〇号住居は、出土した土器からみて、古墳時代後期の六世紀の竪穴住居である。

四〇号住居は、五・四×五・六五メートルの方形で、四本の主柱穴がコーナー近くに配置されていた。北側の壁にはカマドが設けられ、すぐ左側に長方形の貯蔵穴がある。南側の壁近くには出入り口の梯子《はしご》穴が残る。大きさ・構造ともにごく普通の住居と言ってよい。覆土最下層には炭化材と焼土が一面に認められた。

出土した遺物には、土器、玉類、鉄製品、炭化種実がある。土器は、土師《はじ》器《き》の甕《かめ》が三点、甑《こしき》が四点、坏《つき》が一〇点、鉢が二点、須恵器《すえき》の横瓶が一点ある。多くは貯蔵穴やカマドの付近からみつかったが、甑のうち二点はカマドの芯材に転用されていた。玉類は、管玉《くだたま》、臼玉《うすだま》、ガラス玉など一六点で、中央部西側の床面と覆土から出土した。鉄器は、挂甲小札が南西の柱穴近く、鉄鎌が竪穴中央近くの、いずれも覆土からみつかった。床面直上からは棒状の小片が四点みつかっている。炭化種実は、炭化米のほかに、ドングリ（コナラ属アカガシ亜属属）とマメ（アズキ属）がある。

火災と祭祀との関連は？

土器の多くは、貯蔵穴やカマドの付近など、使用・保管場所の近くにあった。焼失住居から出土する土器が少な

40号住居の床面に堆積した焼土。

い場合は、意図的な片付けや焼却が行われた可能性が考えられる。だが四〇号住居の場合、土器の出土状況からは、意図的な片付けや何らかの祭祀行為を読み取ることはできない。

　祭祀との関連で注目されるのは、玉類と挂甲小札である。

　玉類は、神奈川県内では住居から複数出土すること自体が珍しい。まとまった範囲から出土したが、一三点は覆土中だったので、後から撒《ま》かれた可能性もある。管玉の中に熱を受けて表面が剥がれたものが含まれているので、火事の最中か直後であったかもしれない。焼失住居に撒かれる玉類には、火に対する儀礼的祭祀の意味があったと推測されている（斎藤二〇〇九）。

　挂甲小札はつなぎ合わせて甲冑《かっちゅう》を構成する部品であるが、祭祀具として再利用されることがあるという（塚本二〇一七）。四〇号出土例も、鉄鎌と共に火災による焼失に対する鎮めや祓《はら》いに利用された可能性が指摘されている。

意外と燃えにくい住居

　ところで、おにぎりが灰にならずに中まで炭化するためには、ちょうどよい加減で蒸し焼きになる必要がある。茅葺《かやぶ》きや草葺きの屋根だった場合には蒸し焼きになる状況は考えにくいので、おそらく屋根の土が落ちておにぎりを覆ったのだろう。四〇号住居の床面に堆積していた焼土は、屋根土が落ちたものだった可能性がある。

　土葺き屋根の復原住居の焼失実験は、岩手県御所野遺跡や群馬県中筋遺跡で行われている。御所野遺跡における実験は、縄文時代中期の土葺き住居の焼失過程を検証するために行われた（高田一九九九）。土屋根だと酸欠状態になりやすいため、空気や薪《まき》を意図的に供給しないと自然に焼け落ちることは難しいという。一方、中筋遺跡における古墳時代中期の住居は、榛名山《はるなさん》の噴火で焼けて埋まったものである。意図的な空気や薪の供給は考えられないが、火砕流が複数回にわたって流入する状況であった。実験によれば出入り口部分以外ではほとんど炎が出ず、中央部分は土屋根が落ちて酸欠状態になって火が消え、壁際でも一定時間が過ぎるとやはり酸欠になるという（大塚一九九八）。酸欠になった部分では材が生焼けになるため炭化材が残らない。

　これらの実験で確認された土屋根の燃えにくさは、北川表の上四〇号住居

写真　（公財）横浜市ふるさと歴史財団埋蔵文化財センター（このコーナーすべて）

でも共通すると思われる。したがって、おにぎりが「ちょうどよい具合」に蒸し焼きになるためには、空気や薪を供給するなど、家を燃やす行為が必要だった可能性が高い。もしそうであれば、おにぎりが床面に置かれていたのも、単なる偶然ではなく、なんらかの意図的な行為だったかもしれない。

火災は故意か偶然か？

残されたデータだけからでは、北川表の上四〇号住居が偶然の火事で焼けたのか、意図的に焼かれたのかの結論を出すことは難しいが、この焼失住居に対してなんらかの祭祀的な行為が行われたことは間違いなさそうである。古墳時代後期になると焼失家屋から祭祀的遺物が出土するようになる（石野一九九〇）。北川表の上四〇号住居もそうした一例であろう。

火災がアクシデントだった場合は、玉や鉄器による祭祀には災厄（火事）を鎮める意味があったのかもしれない。籠入りおにぎりはお弁当であり、それが床に置かれて蒸し焼きになったのは偶然ということになる。一方、火災が意図的なものだったとすると、籠に入ったおにぎりを床に置き、家を燃やし、燃えている最中か直後に玉を撒き、小札と鉄鎌を埋納したことになる。住居廃絶に伴うマツリだったのだろうか。この場合、籠入りおにぎりは儀礼を構成する要素ということになり、日常のお弁当とは異なる意味をもっていたのかもしれない。

40号住居跡から出土した遺物。古墳時代後期の土器のほか、鉄器類、玉類などが出土した。

第4章◉おにぎりが握れない!?

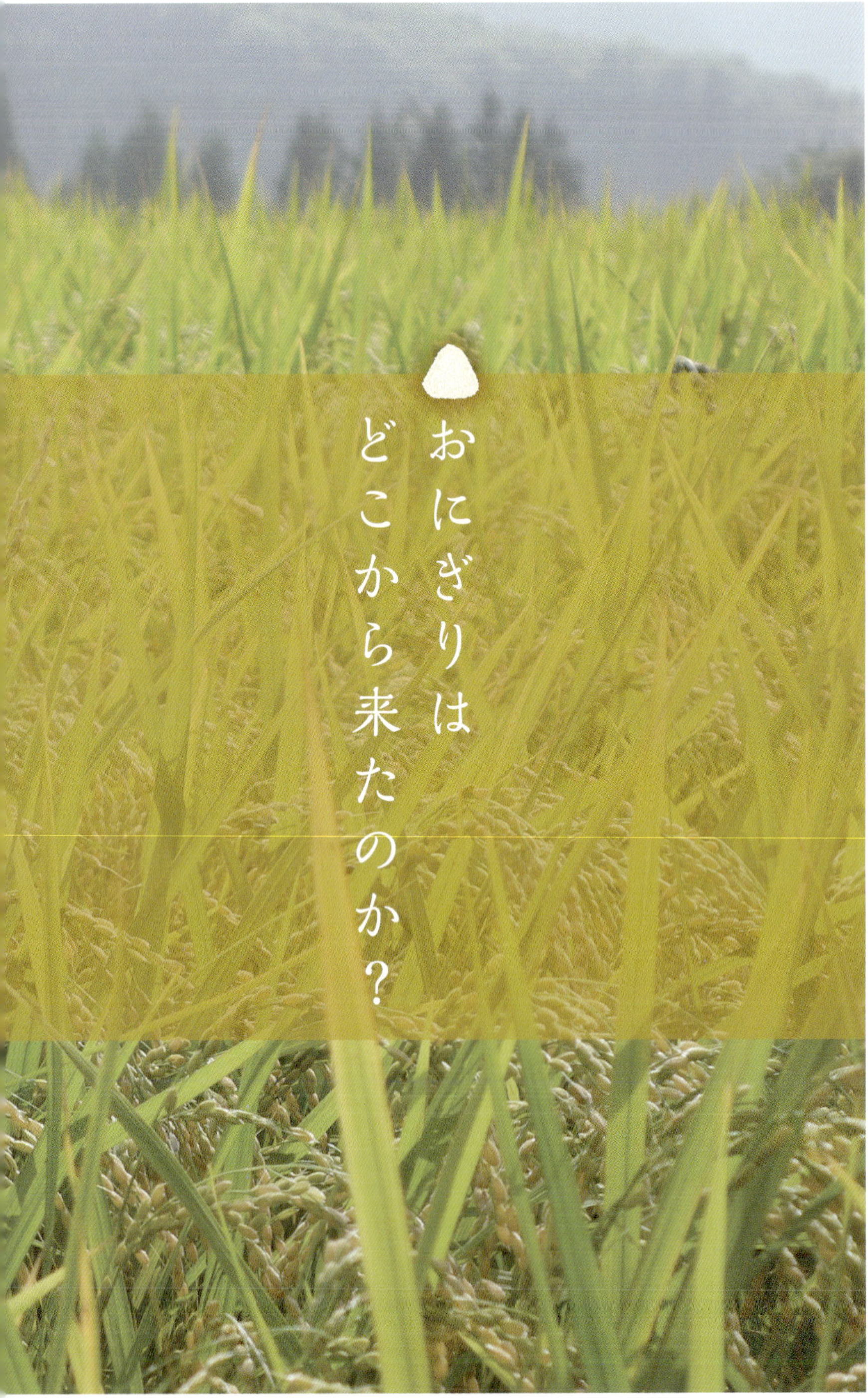

おにぎりはどこから来たのか？

「日本の味」の代表格であるおにぎり。
そのおにぎりはいつどこからやってきたのだろうか？
弥生時代の日本で、稲作が普及したとき、
弥生人もおにぎりをほおばった——
つい、そんなふうに想像してしまう。
しかし、コメの食べ方はさまざまであり、
イネの品種や調理方法によって大きく変わる。

日本列島ではどのようなイネが作られてきたのか、
それはどのように調理され、食べられていたのか。
当時の煮炊具・食器（＝土器）の観察や、
それらを用いた炊飯実験によって、
古代のおにぎりの謎が解き明かされる——。

おにぎりは稲作とともに？

前章まで、古墳時代の籠入りおにぎりや、それよりも古いおにぎりの可能性がある資料を確認してきた。日本列島に稲作が伝わった弥生時代からおにぎりが作られていたとしても不思議はないと思う人もいるかもしれない。しかし、実は話はそう簡単ではない。

今日ではコメの調理法といえば、電気炊飯器を使うのが当たり前だが、一九五〇年代以前は、カマドと羽釜《はがま》による炊飯が一般的だった。

「始めちょろちょろ中ぱっぱ　赤子泣くとも蓋取るな」という言葉を聞いたことがある方は多いだろう。カマドでご飯を炊くときのコツを説いたもので、弱火で全体をあたため、強火で沸騰させ、蓋をしたまま蒸らすというものである。現代の電気炊飯器も、基本的にはこの炊き方を再現しようとしている。

しかし、日本列島でコメを食べ始めてからずっとこのような炊飯方法が行われてきたわけではない。コメの調理方法は、イネの品種、調理器具と施設、食器と食べ方など、いろいろな面が絡み合って時代とともに変化してきたのである。

おにぎりは日本だけ？

日本列島以外の稲作文化圏におにぎりは分布しているのだろうか？

東南アジア・南アジアの食文化調査を行った小林正史さんによれば、稲作文化圏でおにぎりを食べる伝統があるのは、モチ米文化圏である東北タイ・北タイ・ラオス・雲南《うんなん》地域だけだという（小林二〇一四b）。

日本以外の地域でおにぎりが普及しなかった理由としては、コメの品種の違いと、食習慣の違いが挙げられている。南アジアや東南アジアの大部分で食べられる粘り気が弱いコメ（インディカや熱帯ジャポニカのウルチ米）は、パサパサした炊き上がりでおにぎりにまとめることができない。中国や朝鮮半島、東南アジアの一部では粘り気が比較的強いコメを食べているが、冷えた米飯を食べる習慣がなく、米飯とおかずを混ぜて口に入れることが多い。

小林さんは、こうした食習慣の違いから、具が少なくコメ主体のおにぎりがなじまなかったのではないかと推測している。

このように、コメを食べる地域で

必ずしもおにぎりを食べるわけではない。食習慣も関わってくるし、どんな種類のコメをどうやって調理していたのかも重要である。こうした観点から、日本列島におけるコメ調理（炊飯）の歴史をみていきたい。

モチ米とウルチ米

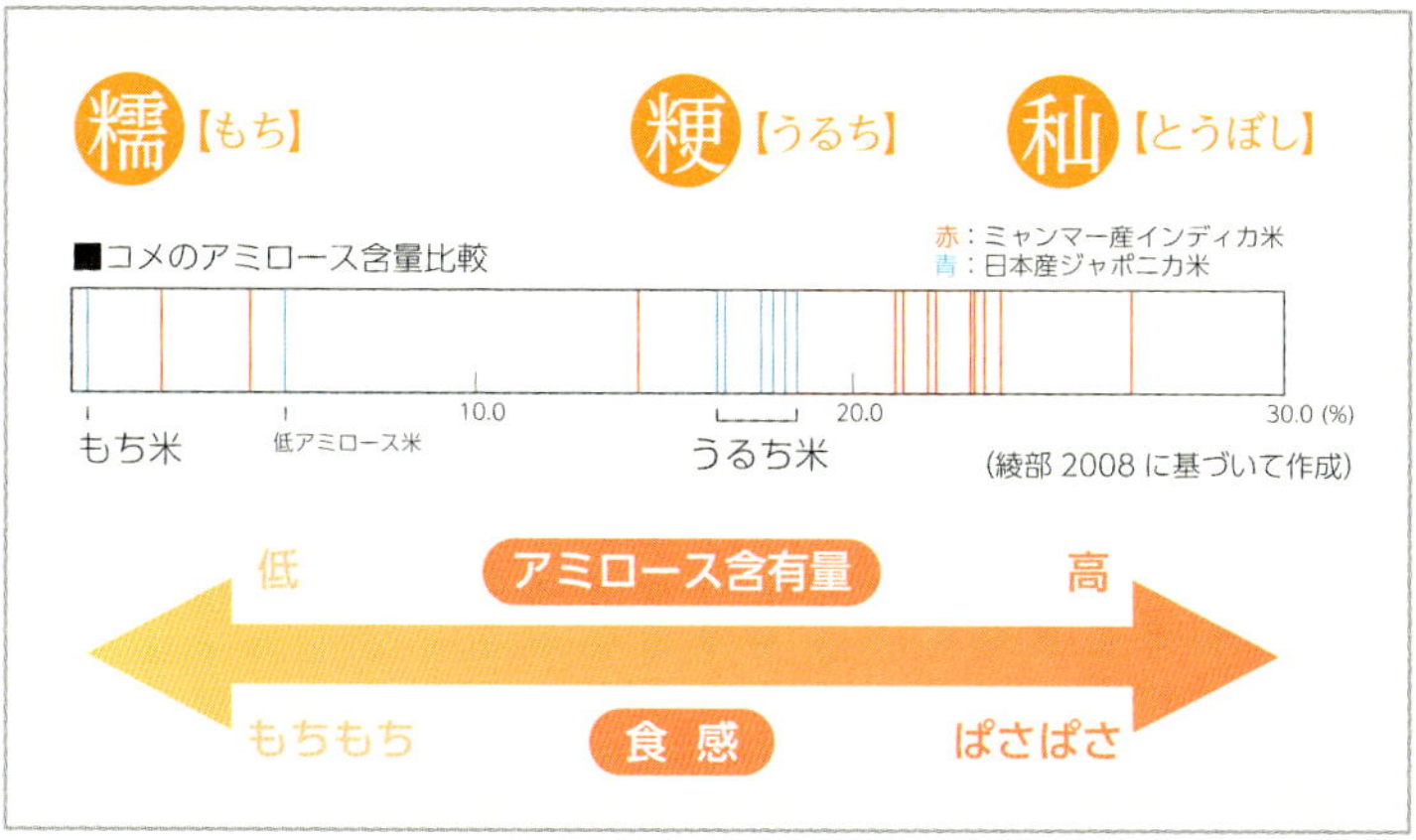

デンプンはブドウ糖のつながり方の違いでアミロース（直鎖状）とアミロペクチン（枝状）に分けられる。アミロースの量が少なくなるとデンプンの粘性が高まり、もっちりした食感になる。もち米は、突然変異によって生じたアミロースをほとんど含まない品種である。現代日本でコメを評価するときに「もちもち」といえば誉め言葉で、「ぱさぱさ」といえば悪口といっていいだろう。しかしこの価値観は決して普遍的なものではない。現代日本のコメ品種は、日本人の嗜好に合わせて品種改良を繰り返した結果生まれたものであり、弥生時代のコメ品種とは大きく異なっている可能性が高い。

古代日本の米料理

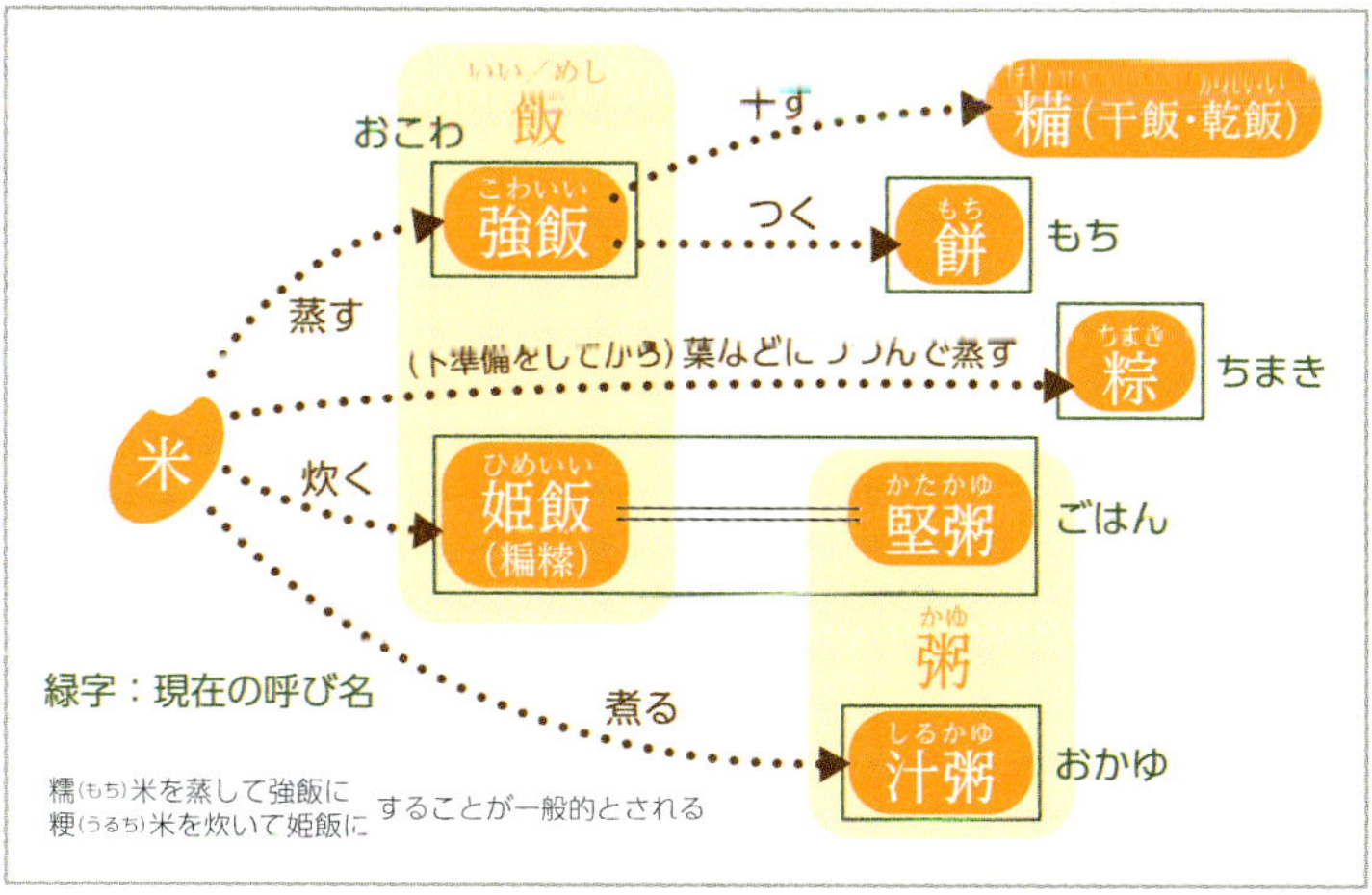

『古事類苑』などの文献資料に登場する言葉を中心に、古代日本の米料理を整理した。

トピックス

弥生時代は何年前？

横浜市歴史博物館「原始Ⅱ」の展示コーナー。弥生時代のはじまりを約二四〇〇年前としている。

横浜市歴史博物館では、弥生時代の年代が二四〇〇年前からと表示されている（写真）。勉強しているお客さんからは、「最近の研究では年代がもっと古くなったんでしょ?」と質問されることがある。

弥生時代のはじまりはおよそ二四〇〇年前頃とされていたが、二〇〇三年に放射性炭素年代の測定結果に基づいて、弥生時代の開始年代がこれまで考えられてきたよりも五〇〇年ほど古くなるという研究成果が発表された（国立歴史民俗博物館編二〇〇三）。

放射性炭素年代測定法の誤差を補正する方法が発達したこと、新しい技術によってごく少量の試料でも年代測定が可能になったことが背景にある。

古くなったのは、北部九州の稲作の開始

この研究は大きな議論を引き起こしたが、論点は多岐にわたっており、ここで詳しく紹介することはできない。だが一五年後の現在、日本列島での稲作開始が従来の想定よりも古くなるという点については、多くの研究者が同意している。ならば博物館の年代表記もさっさと変えてしまったほうがいいと思うかもしれないが、そう一筋縄ではいかないのである。実は古くなったのは、「北部九州で稲作が始まった」年代であって、全国の弥生遺跡の年代が同じように古くなったわけではない。

弥生時代については、「日本で食糧生産を基礎とする生活が開始された時代」（佐原一九七五）とする定義が、現在広く受け入れられている。「灌漑《かんがい》稲作の開始」（石川二〇一〇）や「農耕文化複合の形成」（設楽二〇一四）などの定義も提唱されているが、イネ科穀物の栽培が社会に及ぼした変化をもって時代区分をしようとする点では、基本的には同様の立場だといえる。

こうした立場に立てば、北部九州での稲作の開始イコール弥生時代の開始ということで問題ない。だが、ほかの地域ではどうなるだろうか?

関東地方での穀物栽培の開始は、全国的にみてもかなり遅いことがわかっている。関東地方で最古の稲作の証拠がみつかっているのは、神奈川県大井

町の中屋敷遺跡である。弥生時代前期末のゴミ穴から炭化したイネ・アワ・キビの種子がみつかり、土器の圧痕でもアワ・キビが確認されている。放射性炭素年代測定によって紀元前五世紀後半から四世紀前半という結果が得られている。

　問題は、北部九州で稲作が始まってから関東地方で稲作が始まるまでの数百年間をどう考えるか、という点である。

あっちは弥生時代、こっちは縄文時代？

　まず、北部九州で稲作が始まるとともに全国的に「弥生時代」が始まるという立場がある。弥生時代になっても各地に縄文的な文化が残ることになる。「大正時代」や「二〇世紀」など現代の時代区分に近いので、一般的にはなじみやすい考え方かもしれない。

　だが、数百キロ離れた北部九州で稲作が始まったとしても、何も生活が変わっていない関東地方でも新しい時代が始まったといえるのだろうか？

　これに対して、日本列島の各地で「弥生時代」になるタイミングが異なるとする立場もある。それぞれの地域で稲作が始まった段階で、弥生時代が始まったと考えるわけである。

　考古学は基本的にローカルな学問なので、考古学者にとってはこの考え方がなじみやすい。ただし、地域区分をどうするかという問題に加え、「あっちは弥生時代、こっちは縄文時代」という状況が生じる点で、日常的に使われる「時代」の概念とは異なる点に注意が必要である。

　最初の質問に話を戻そう。現在の研究状況からすれば、「二四〇〇年前」という数字は、北部九州での稲作開始年代としては新しすぎるが、関東地方での稲作開始年代としては悪くない。横浜市歴史博物館のような地域博物館においては、それぞれの地域における稲作開始年代を表記してもよいのではないだろうか。

それぞれの地域で稲作が始まったら
「弥生時代」ということにすると…。

弥生時代の幕開けばい
こっちは縄文時代だよ
えっ！オレも弥生人なの？
弥生時代の幕開けばい

北部九州で稲作が始まったら
「弥生時代」ということにすると…。

いろいろな炊飯の方法

コメの主要成分であるデンプンはそのままでは人間が吸収しにくい形をしており（βデンプン）、水を加えて加熱してやることで結晶構造が崩れて吸収しやすくなる（αデンプン）。

この変化を糊化《こか》という。

したがって、コメの調理にあたっては、水と熱を加えることが不可欠になる。

これを踏まえて、さまざまな炊飯方法を整理してみよう。

1 湯取り法（炊き上げる）

コメをゆでる方法である。ゆで汁を捨ててから、さらに熱を加えて炊き上げる。現在の東南アジアでは、おたまですくって湯を捨てる湯取り法が行われている。

2 炊き干し法

水加減と火加減を調整することで、加熱が完了した段階で余計な水分がなくなる方法である。現代日本での一般的なコメの調理法であり、多くの人が「ご飯を炊く」と聞いて思い浮かべるのはこれだろう。「炊き干し法」と呼ばれている。

3 蒸す

コメを蒸す方法である。浸水と水蒸気からの水分だけでは不足するため、振り水などで補う必要がある。現代の日本では赤飯・おこわなどに使われる。

江戸時代の文献には「湯取飯」（蒸し上げる）を再び煮る「二度飯」という方法が紹介されている。さらにご飯に水分を加える水飯・湯漬け・茶漬けなどの食べ方もある。

煮る？ゆでる？炊く？

コメの調理については、日本語では「炊く」という表現がよく使われる。地域による違いもあるために、言葉の使い分けに正解はないが、本書における用法について説明しておこう。

私たちが「ご飯を炊く」という時には、「煮る」とも「ゆでる」とも異なる、ある一定の調理法をイメージしていることが多い。それが、2の「炊き干し法」である。本書では、こうしたコメに特徴的な調理法に限定して、「炊く」という言葉を使うことにしたい。ただし、「炊飯」という熟語については、一般的なコメ調理法という意味で研究史上用いられてきたため、「炊く」方法に限定せずに用いることにする。

それでは、「煮る」と「ゆでる」はどのように違うのだろうか？　どちらも材料を液体と一緒に加熱する調理法であるが、本書では汁を具材と一緒に食べる場合を「煮る」、汁を一緒に食べない場合を「ゆでる」と分けることにする（ゆで汁は捨てるか別に利用する）。液体が調味の役割をもつ場合を「煮る」、もたない場合を「ゆでる」と区別する考えもあるが、コメの場合はあまり有効ではない。お粥《かゆ》の汁を味付けしていない場合も、「ゆでる」とはあまり言わないためである。

右の説明でも、コメを多めのお湯で「ゆでて」からお湯を捨てるのが湯取り法、コメをお湯で「煮て」汁も食べるのがお粥（炊き粥）だとした。「コメを煮るのが炊き粥」というのはいかにも収まりが悪いが、「炊く」という言葉が広い意味でも用いられているため、ご容赦いただきたい。

4 湯取り法（蒸し上げる）

ゆでたコメを一旦ザルなどにあけてから蒸し上げる方法である。江戸時代の文献で「湯取り法」として紹介されているものである。本書では1の炊き上げる湯取り法と区別する。

5 煮る

コメを煮る方法である。お粥（炊き粥）を作るのに使われる。

6 炒め煮

炒めた後に煮る・炊くなどを組み合わせる方法である。炒めるだけではコメが糊化しないため、水分を加える必要がある。西洋料理で、リゾットやピラフ、パエリアなどを作る方法がこれにあたる。

このほかに、一旦食べられる状態に調理されたご飯をさらに調理する、あるいは再利用する方法がある。炊いたご飯を炒めるのがチャーハンであり、煮ると雑炊や入れ粥となる。↗

弥生人の炊飯方法をさぐる！

やっぱりおにぎりは握れない？

弥生人はどんな道具を使い、どんな方法でコメを調理したのだろうか？

弥生時代のコメ調理については、蒸したとする考えや、汁気が多い粥だとする考えが、かつて有力だった。蒸したとする説は、底部に穴をあけた土器を「甑《こしき》」（蒸し器）だと考えたためだが、現在ではこのような有孔土器は濾《こ》し器《き》だとされ、否定されている（佐原一九九六）。お粥説は、弥生土器に炭化した穀物の痕跡が付く例が少ないことが根拠となっている。しかし、詳しくは後で述べるが、これはコメの品種の違いや炊飯方法の違いによって説明することが可能であるため、お粥説の証拠とはならない（小林二〇一七）。

また、弥生時代にコメだけではなく雑穀などを混ぜただろうと言われることもある。しかし、すでにみたように、出土する弥生時代の炭化米塊は、混ぜもののないコメだけの例が多い。大塚遺跡出土の土器付着物の炭素・窒素同位体分析による結果も、基本的にはコメだけを調理したと考えて問題ない（國木田二〇一

土器のコゲから使用方法がわかる⁉
スス付着
スス酸化
コゲ付着

大塚遺跡出土の甕。外面には広くススが付着し、底部付近では熱を受けて飛んでいる。内面の底部近くにもコゲが付く。地床炉に土器を立てて加熱し、土器の下部に炎が当たっていたのである。

横浜市歴史博物館蔵

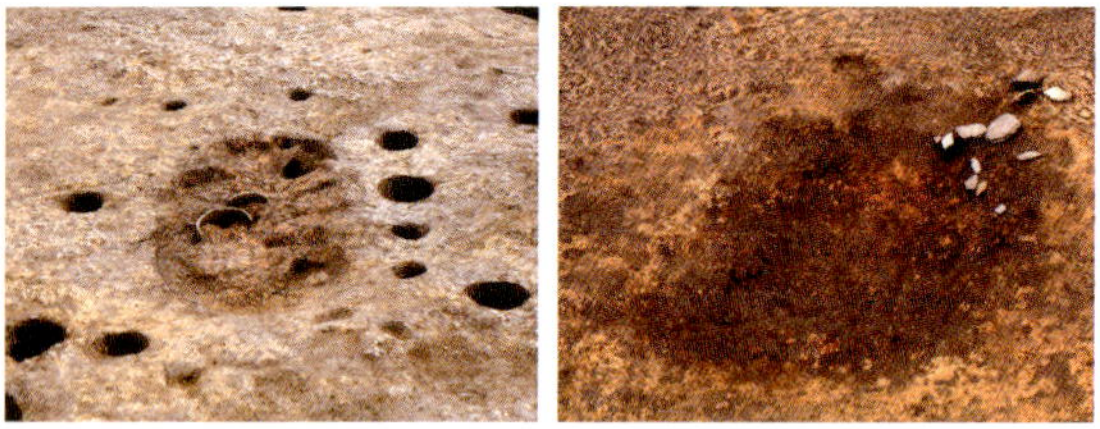

弥生時代の炉の跡。竪穴住居の床面を浅く掘りくぼめている。土器片を埋めたり、石を置くものもある。

写真（公財）横浜市ふるさと歴史財団埋蔵文化財センター

七）。考古学的証拠からみるかぎり、弥生時代にほかの穀物などと混ぜてコメを調理することは少なかったといえる。

土器の使用方法をさぐる

弥生時代中期後半の環濠《かんごう》集落である横浜市大塚遺跡を例にとり、調理

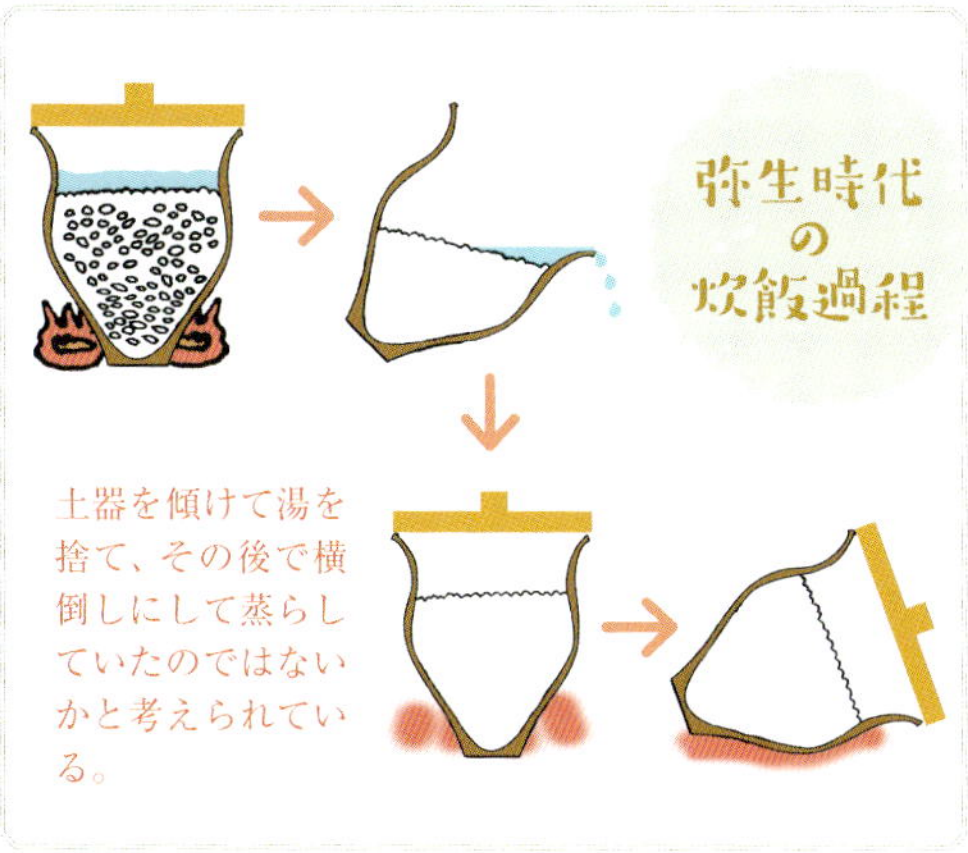

土器を傾けて湯を捨て、その後で横倒しにして蒸らしていたのではないかと考えられている。

施設と調理器具をみてみよう。

調理施設は、竪穴住居の床面を浅く掘りくぼめた地床炉《じしょうろ》だった。調理器具は、深さがあって頸部《けいぶ》がゆるやかにくびれる「甕《かめ》」であり、火にかけた痕跡であるススやコゲが付くことが多い。ススは土器の外側に付いた炭化物で燃焼材に由来し、コゲは内側に付いた炭化物で調理された内容物に由来する。ススコゲは火の強さや当たり方、内容物の種類や量に対応して形成されるので、これを観察して使用実験の結果や民族誌と比較し、土器の使用方法を探る研究が行われている。

現時点で想定されている弥生時代中期の炊飯方法はどのようなものだろうか（北野二〇一四a・b、小林同前）。まず土器に多めの水とコメを入れ、強火で加熱する。水が沸騰して吹きこぼれると、すぐに傾けてお湯を捨てる。まっすぐに戻した土器に薪《まき》を寄せて炎加熱で水分を飛ばす。さらにオキ火の上に横倒しにして、側面から加熱して蒸らす。吹きこぼれ直後に湯を捨てるため上半部にまだ芯が残っており、側面からの加熱が必要なのである。

弥生時代の甕を炊飯技術の面から考えてみよう。器壁が薄いため保温性には劣るが、効率よく熱を伝えることができ、短時間強火での加熱に適している。頸部でくびれるため、蓋をのせることができる。土器を傾けるときには、蓋で押さえないと米粒がこぼれてしまう。土製の蓋は限られた時期・地域にしか存在しないが、木製の蓋があったはずである。

コメの種類で異なる炊飯方法

各地の炊飯民族誌を比較すると、南アジアのインディカ米など粘り気度の低いコメ品種は、多めの水で長

時間ゆでて大きく膨張させるのに対し、現代日本の温帯ジャポニカ米など粘り気の強いコメ品種は、米を浸水させてから少なめの水で短時間強火で炊き上げて形崩れを防ぐという（小林二〇一四ａ）。

一方、東南アジアの熱帯ジャポニカ米など粘り気が中間的なコメ品種に対しては、「湯取り法」が行われる。多めの水でゆでて米粒を大きく膨張させる一方、吹きこぼれ直後にお湯を捨てて形崩れを防ぐ方法である。弥生時代にも東南アジアと共通する湯取り法が行われていたことから、弥生時代のコメも同様に粘り気が中間的な（現代日本に比べて粘り気の弱い）コメ品種で、パサパサした仕上がりだったと考えられる。

ご飯用の食器だったと考えられる高坏。写真は折本西原遺跡（横浜市）出土。口径30cm。

横浜市歴史博物館蔵

弥生時代の食事作法は？

それでは、弥生時代の食卓における作法はどのようなものだっただろうか（小林他二〇一七）。

ご飯用の食器だったと考えられるのが、弥生時代に登場する高坏《たかつき》である。共有のご飯用食器である中型・大型の高坏を囲んで、手づかみで食べるスタイルだったと考えられる。ただし弥生時代中期後半の関東地方では高坏の出土量は非常に少なく、例えば大塚遺跡では八五軒の竪穴住居を発掘したが二点しか出土しなかった。南西関東でも低湿地遺跡からは出土例があるため、木製高坏が使われていた可能性が高い。

手づかみだったと考える理由は、木製匙《さじ》の出土数が極めて少ないためである。パサパサした米を箸でつまむことはできないし、そもそも弥生時代には箸の出土例もない。三世紀末（弥生時代の終わり頃）に成立した『魏志倭人伝《ぎしわじんでん》』にも、「食飲するに籩豆《へんとう》を用いて手食す」とあり、倭人が高坏から手づかみで食べていたことを述べている。なお、籩豆とは竹製や木製の高坏のことを指すので、前述した木製高坏の使用を裏付けている。

おにぎりはにぎれない？

さて、ここでおにぎりに話を戻そう。

弥生時代の遺跡からは、ご飯の塊が出土することがあり、葉に包まれたり籠に入ったりした例もあった。しかし、ススコゲの研究から復元した炊飯方法は土器を傾ける湯取り法で、コメ品種は粘り気が比較的弱く、パサパサした仕上がりだったと考えられる。このご飯を共有の高坏から手づかみで食べるのが弥生時代の食卓だった。

粘り気の弱いご飯だったとすれば、「おにぎり」を握ることは難しかったのではないだろうか。前章において弥生時代のおにぎりの可能性があると考えた資料も、こうした炊飯方法の歴史を考慮に入れれば、おにぎりであった可能性は低いといえる。

これが　弥生時代の炊飯方法の証拠だ！

斜め白吹き痕の残る土器

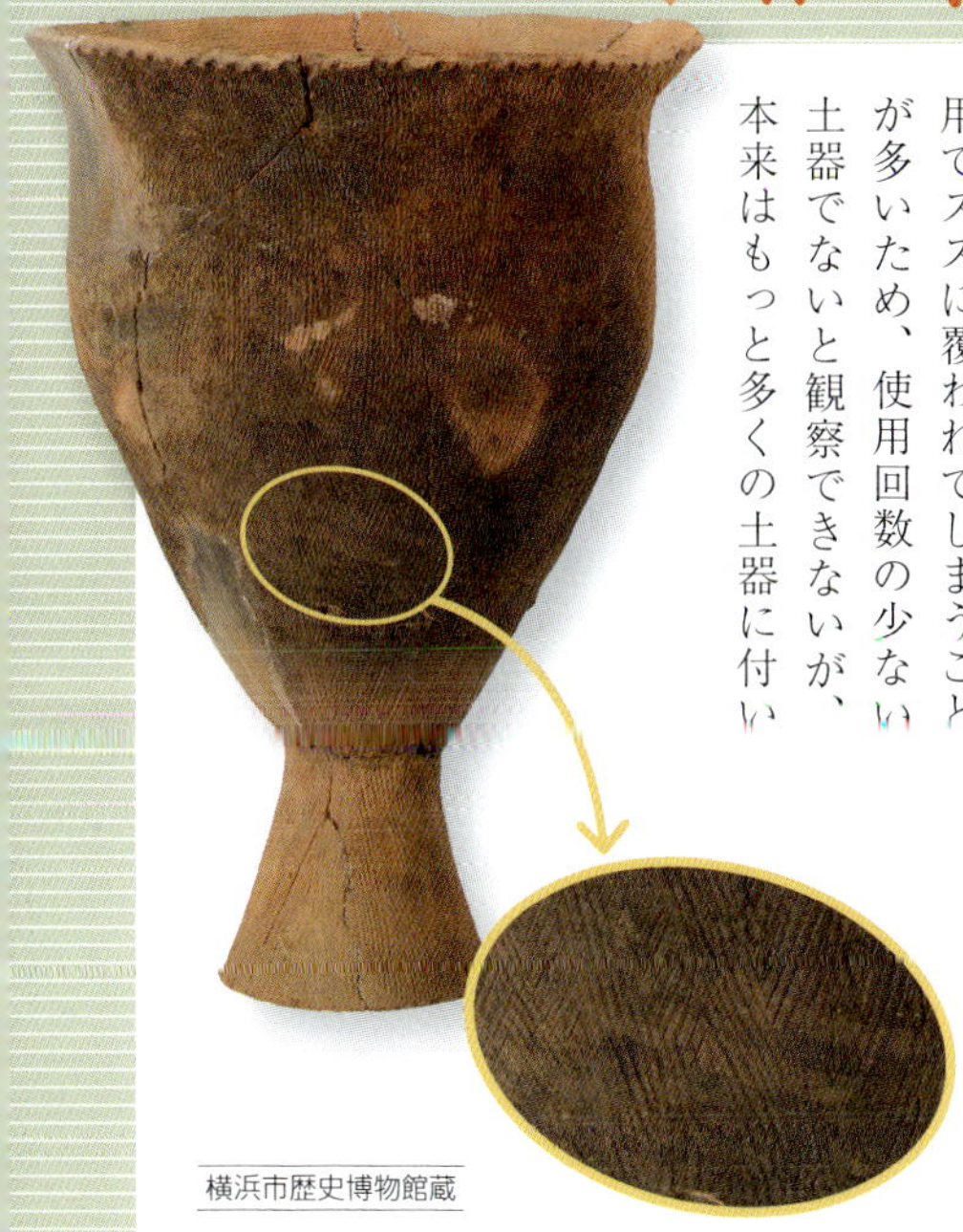

横浜市歴史博物館蔵

大塚遺跡から出土した台付き甕。胴部に斜め白吹き痕がみえる。この資料により、大塚遺跡でも鍋を傾ける湯取り法炊飯が行われていたことが実証された（白石・渡辺2018）。

弥生時代に行われていたとみられる「湯取り法」炊飯。その直接の証拠となるものが土器の表面からみつかった。「斜め白吹《しろふ》き痕」（斜め白色吹きこぼれ痕）と呼ばれるものである。

「白吹き痕」は吹きこぼれの痕跡が土器の外面に残った白い筋である。器面が〝おねば〟を含む吹きこぼれによってコーティングされ、筋状にススが付かなかった部分である。その後の使用でススに覆われてしまうことが多いため、使用回数の少ない土器でないと観察できないが、本来はもっと多くの土器に付いていたと推測されている。

この白吹き痕が斜めに付いているということは、吹きこぼれている土器を傾けたことを意味しており、沸騰したお湯を捨てた、すなわち湯取り法が行われた証拠となるのである。さらに、土器の内外面の観察から、水分が少なくなった後に薪で炎加熱した痕跡や、オキ火の上で転がして側面から加熱した痕跡を確認することができる。

チャレンジ！
実験考古学

弥生時代の炊飯方法にトライ

出土資料を観察することだけが考古学ではない。当時と同じ条件で再現実験を行い、出土資料の状況と比較する「実験考古学」も重要な研究手段だ。ここでは復元した弥生土器を使って、弥生時代の炊飯にチャレンジしてみよう！

収穫だー！

あやしい弥生人登場

横浜市歴史博物館では、復元弥生土器を使って調理したご飯の一口体験（試食）を、各種イベントで行っている。こうした土器による炊飯を行う際に、現在一般に市販されているコメを使用して炊き干し法で炊くと、器壁に厚く米粒が付着し、水に浸けてからタワシでこすらないと落ちない。こうした状態でおこげが形成されると、米粒が剝がれたときの痕（穀物痕）が白抜きで残ることも多い。しかし、遺跡から出土した弥生土器には、穀物の痕跡を確認できるようなコゲが残る例は少ない。つまり、弥生時代の炊飯では、今と同じようなコメを同じような方法で調理していたのではないことがわかる。

challenge 01 ウルチ玄米×炊き干し法

使ったのは
お店で売っている
普通の玄米です

飯盒（はんごう）炊さんのように、復元弥生土器でご飯を炊く。

使用後の土器。外側の全面には黒くススが付き、炎が当たった部分のススが飛んでいる。内面の底部には厚くしっかりしたコゲが形成されている。

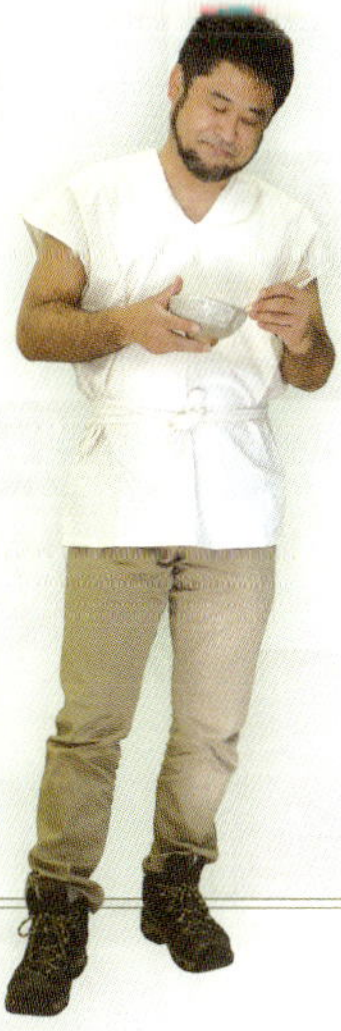

炊き上がったところ。

challenge 02

対馬在来米×湯取り法

弥生時代の
コメに近いと
いわれています

弥生時代の炊飯方法だと考えられている土器を傾ける湯取り法(→ P89 参照)による炊飯を試みた。コメは対馬在来種を使用した。実験に使用したコメ自体をDNA 分析したわけではないが、熱帯ジャポニカの系譜を引く可能性がある。

当時も木製の蓋を利用したと思われるので、蓋をして加熱。

沸騰しているが吹きこぼれなかった。

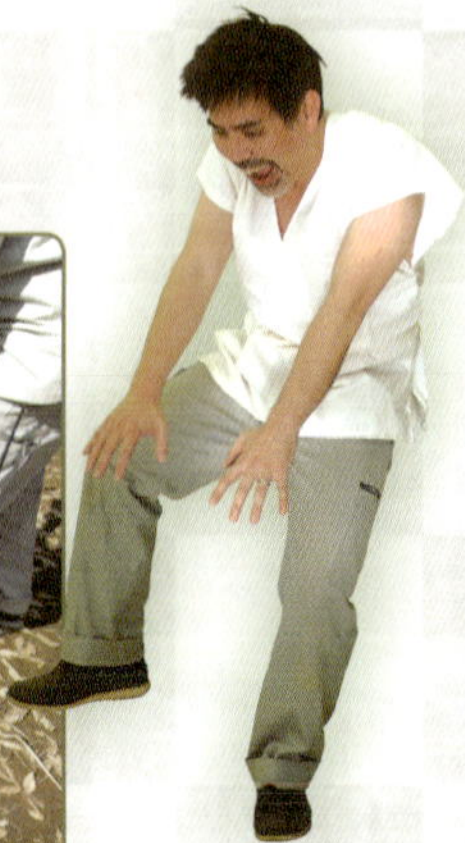
こんな熱い土器、
どうやって斜めに
するんだよ?

二人で棒ではさんで土器を傾けたが…。

おにぎりに
するには、
ちょっともちもちが
足りません

炊き上がったところ。

（気を取り直して）ここで蓋をして、オキ火の上で側面から加熱して蒸らす。
（傾けるときに蓋で押さえればよかった……）

あっ、
もったいない！

貴重なコメがこぼれてしまった！

この実験では吹きこぼれが起きなかった。火力か水の量の不足が考えられるが、火は通っているので、水が足りなかったのだろう。煮立っている土器を倒すために、二人がかりで長い棒ではさむ方法をとったが、コメをこぼしてしまった。この方法ではコメが流れ出るのを防げないため、適切ではない。できたご飯は十分食べられるが、粘り気が弱く、おにぎりにするのは難しい。

challenge 03

斜め白吹き痕を再現しよう！

思ったより時間かかるねぇ…

大塚遺跡で斜め白吹き痕をもつ土器が確認されたため（→ P91 参照）、それを再現することを目指した。白吹き痕が残りやすくするため、新たに復元土器を製作した。対馬在来米は継続的に入手することが難しいため、粘り気の弱いタイ米（インディカ米）を使用した。

出土土器の観察から、薪を放射状に置いて加熱したといわれているので、やってみたが火力が弱すぎた。この後、薪を近くに寄せて加熱しなおし。

吹きこぼれが始まった。コメの“おねば”を含む水分が器壁を流れ落ちる。

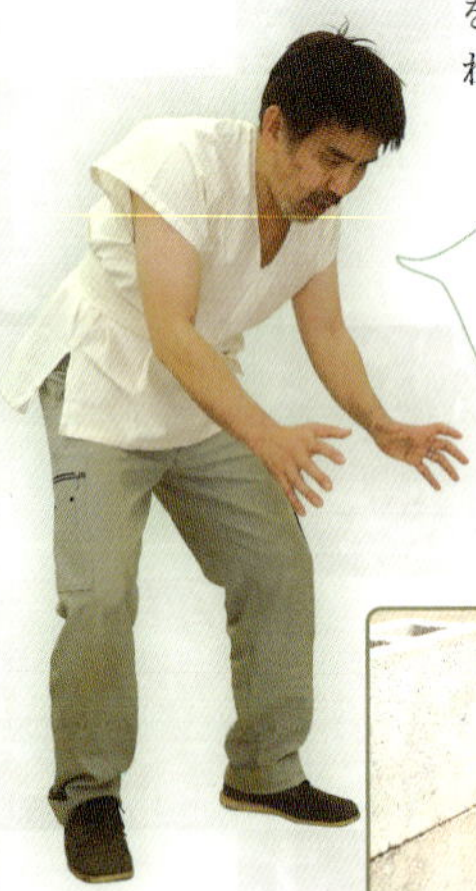
安全に注意して実験をしてますので、決してマネしないでください

土器を倒して湯取り。今度は棒は使わず、軍手とぬれ布巾を使用している。

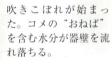

古代米は何色？

古代米は赤米――そんなイメージをもつ人も多いのではないだろうか？　しかし遺跡から出土する米は真っ黒に炭化しているので、ほとんどの場合、色はわからない。それでは、なぜ古代米は赤い（あるいは黒い）と考えられているのだろうか？

その理由としては、第一に現在みられる野生の米にさまざまな色があること、第二にいくつかの神社で栽培されている神饌米（しんせんまい）が赤米であること、第三に出土した古代の木簡に「赤米」や「黒米」と書かれたものがあることが挙げられる。しかし、これらはいずれも古代（弥生時代・古墳時代も含む）の米が赤かったと考える理由としては不十分である。

第一の野生種だが、イネは日本で栽培化されたわけではないので、白い米の品種が主に伝来した可能性もある。第二の神饌米だが、神社において赤米を栽培する伝統がいつ始まったのかは定かではなく、それほど古くはさかのぼらないとする意見もある（神谷 2010）。第三の古代の木簡については、古代に間違いなく赤い米が存在した証拠ではあるが、実は「白米」と書かれた木簡のほうがずっと多いので、これだけでは赤い米が主だったということはできない。

日本人の「白いご飯」に対するこだわりは歴史的に形成されたものであり、古代においても白いコメが主体であったとする先入観は捨てなくてはいけない。しかし、現時点の資料によるかぎり、赤米や黒米が主体だったと判断する根拠もない。DNA 分析の結果（→ P101 参照）が蓄積されるまでの間は、古代米の色は「わからない」のである。

黒米
古代米・黒米
600円

横浜市歴史博物館ミュージアムショップで販売されている「古代米」の黒米。米の色とモチ・ウルチの性質は独立しているが、現在一般的に売られている「古代米」はなぜかモチ品種がほとんどである。

試食の感想
噛んでると味がでてくる
口の中でほろほろする
香りが独特
ピラフにしたい

炊飯後の土器表面。まっすぐな吹きこぼれの痕がみえる。

吹きこぼれの痕はできたけど、タイミングが難しいなぁ

オキ火の上で転がして側面加熱蒸らし。

グラグラと吹きこぼれる土器を手でつかむのは難しい。というよりも正直怖い。一瞬躊躇したスキに、下まで流れ落ちてしまった。途中で吹きこぼれが方向を変える「斜め白吹き痕」を再現するためには、もっと早いタイミングで土器を傾ける必要がある。

challenge 04 再チャレンジ！ もっと早く土器を倒してみよう！

早くも外面はススで真っ黒に。

吹きこぼれるのをじっと待つのだ

へんな飯盒炊さん

吹きこぼれが始まった！

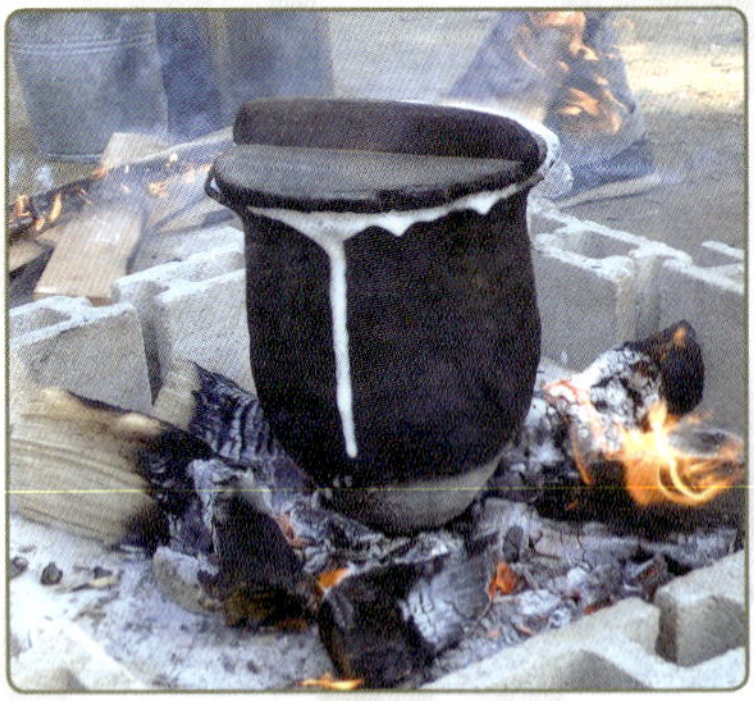

素早く土器を傾ける！（防火手袋を着用した）

ついに成功、吹きこぼれが途中から斜めに！

吹きこぼれの痕が
数千年も残るのが
ナゾだよなぁ

湯取りと“おねば”の関係

ネバ〜

A

吹きこぼれて“おねば”が真下へ垂れていく。

B

湯取り（お湯を捨てる）のために土器を傾けるので、“おねば”の向きが変わる。

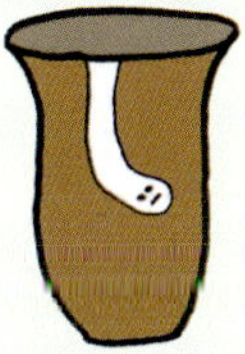

C

土器には途中から斜めになった吹きこぼれの痕が残される。

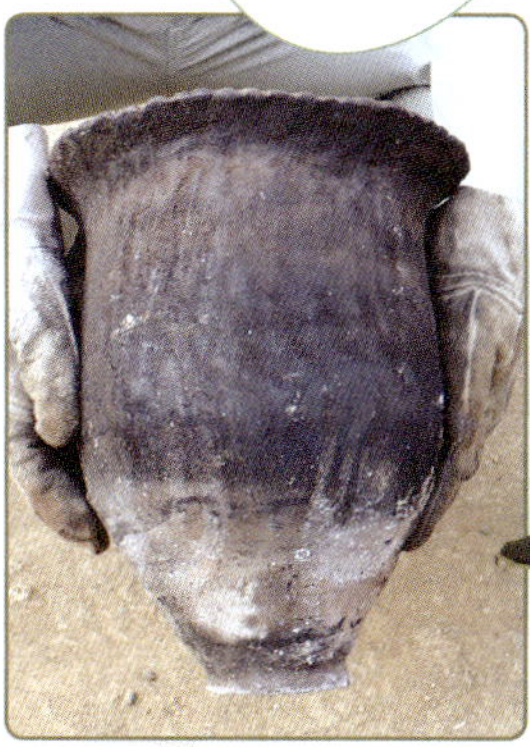

表面にうっすらと吹きこぼれがみえるが、白吹き痕は残らなかった。

土器をまっすぐに戻して、水分を飛ばす。このあと、オキ火上で側面を加熱して蒸らす。

成功だ！

白吹き痕が残るのは「❶“おねば”を含む吹きこぼれが土器表面に付着する」、「❷ススが付着するが、❶で覆われた場所には付かない」ためだと考えられている。これが斜めになるのは、「❸吹きこぼれている途中で土器を傾けた」ためである。
現在のところ、❶・❸は実験によって確認できたが、❷の再現はできていない。未使用の土器を使用しても沸騰する前に外面がススで真っ黒になるため、上記の想定についても再検討が必要かもしれない。軍手や防火手袋を着用しているが、どうやって手を保護したのかについてはもう少し考える必要がある。
ススコゲの分析から想定されている放射状の薪配置も試みたが、火力不足で沸騰まで時間がかかりすぎた。焚火の技術の向上も、今後の課題である。

古墳時代〜古代の炊飯方法！

蒸し米調理のナゾ

関東地方では古墳時代中期に煙道（煙突）が付いたカマドが作られるようになる。古墳時代後期になると蒸し器である「甑《こしき》」が現れ、甕《かめ》は長細い形に変化する。カマドに据えつけた長胴甕（湯釜）の上に甑を載せ、蒸す方法による炊飯が行われたのである。

七世紀後半以降の古代の横浜市域には、武蔵型の甕とよばれる土師器《はじき》の甕が分布する。胴部をヘラで非常に薄く削り、カマドにかけて使われた。この薄さについては、鉄製品を意識したとする意見もある（外山二〇一八）。この時期になると土製の甑はほとんど作られないが、木や竹など有機質の材料の蒸し器（蒸籠《せいろ》）が使われていたのだろう。

なぜウルチ米を蒸したのか

古墳時代後期から古代にかけて（六〜八世紀頃）、日本列島のコメ食地域のほぼ全域で、蒸し米が主流となる。この変化は「日本の食文化史上で最大の謎の一つ」（小林二〇一四a）とも言われている。

現代の日本では、蒸す方法は赤飯やおこわなどモチ米に対して用いられる。ゆでると形崩れするモチ米は蒸す方法が適しているためである。しかし、弥生時代以来ずっと粘り気の弱い米が主体だったのが、古墳時

古墳時代の蒸し加熱法

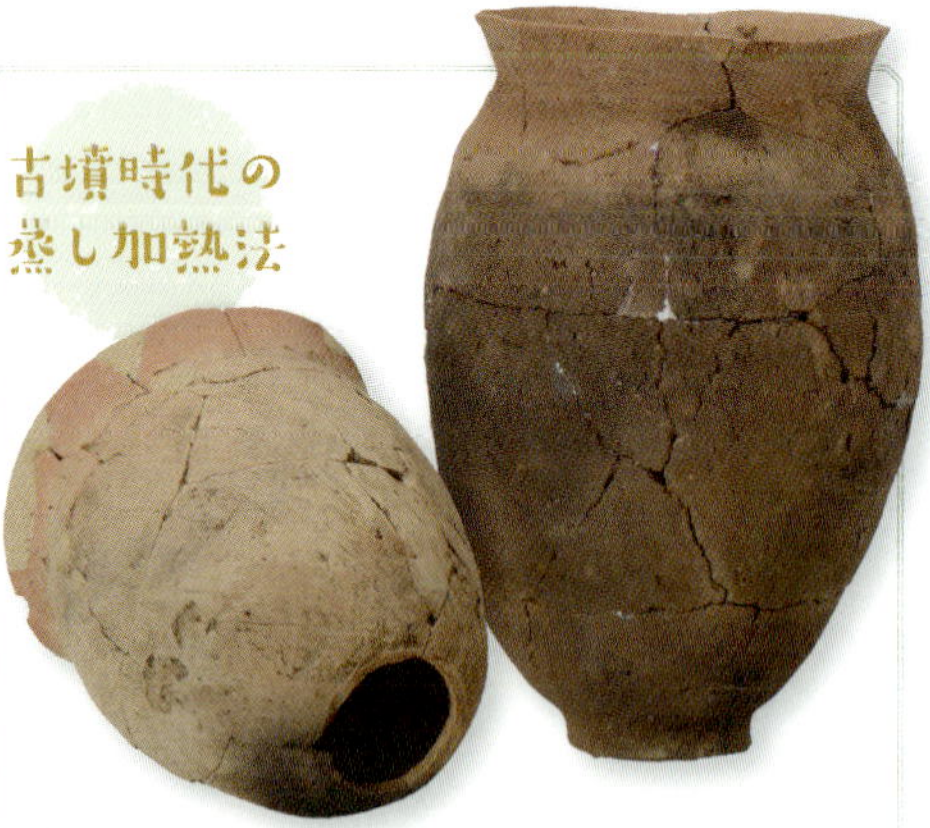

左は底部に穴をあけた甑。穴にはスノコなどをしき、布に包んでコメを入れた。甕の上に載せて使った。右は長胴甕で、肩から下だけにススが付いている。

（公財）横浜市ふるさと歴史財団埋蔵文化財センター蔵　54-1

カマドの構造と使い方

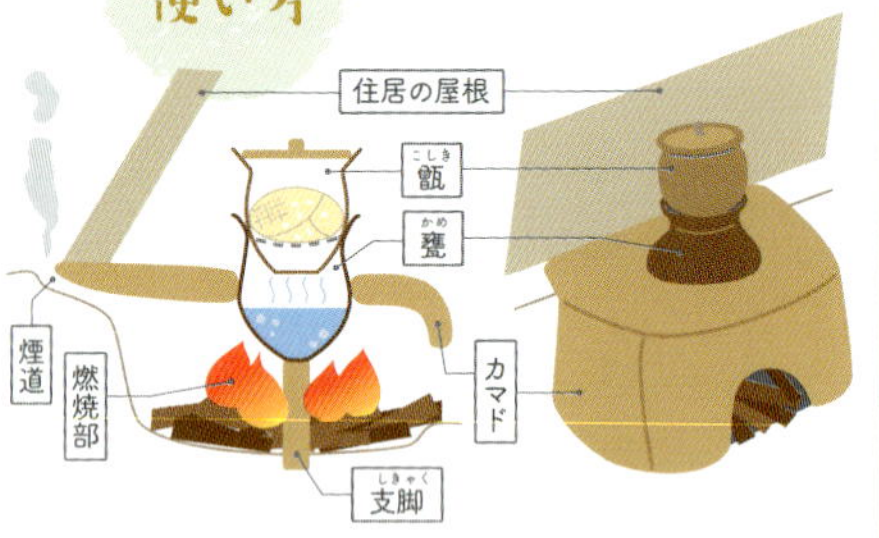
住居の屋根
甑《こしき》
甕《かめ》
煙道
燃焼部
カマド
支脚《しきゃく》
カマドの断面
カマドの外観

代後期にモチ米ばかりになったとは考えにくい。したがって、ウルチ米を蒸して調理していたことになる。

しかし、ウルチ米は本来ゆでる／炊く調理法に適している。なぜ当時の人々はわざわざウルチ米を蒸したのだろうか？

異なるコメ品種を同時に調理？

コメを蒸す方法の長所としては、次の二点が挙げられる。

①形崩れしないのでどんな品種にも対応でき、蒸し時間が長すぎても失敗しない。

②布袋を分けることで、異なる品種の米を同時に蒸すことができる。

炊き干し法では火加減と水加減の調節が肝心であり、粘り気の大きく異なるコメ品種を同時に調理することはできない。性質の異なる複数のコメ品種が並存している状況では、蒸す方法が有効なのである。

古代の台所

同住居址のカマド。甕の上に蒸籠を載せて使用していたと考えられている。

写真　(公財)横浜市ふるさと歴史財団埋蔵文化財センター　55-2

北川表の上遺跡30号住居から出土した武蔵型甕。

(公財)横浜市ふるさと歴史財団埋蔵文化財センター蔵　55-1

コメのDNA分析

本書では、主に土器の使用痕研究の成果に基づいて、古代のコメの粘り気や色などの性質について議論してきた。こうしたコメの性質（形質）は、DNA分析をすればすぐにわかるのではないか、と思う人もいるかもしれない。

遺跡から出土したコメのDNA分析も精力的に進められているが、現時点ではまだ古代のコメの形質を完全に知ることはできていない。その理由としては、遺跡から出土する炭化米ではDNAがわずかしか残っておらず、全く残っていないことも多いことがある（田中・上條2014）。

南関東の弥生時代に関して言えば、弘前大学人文社会学部の研究チームにより、弥生時代後期の集落である大場富士塚遺跡（横浜市青葉区）から出土した炭化米の品種が、褐色種皮の熱帯ジャポニカだと推定された（小泉他2018）。この分析結果は、弥生時代のコメが粘り気のやや弱い品種だったとする土器使用痕研究の成果と矛盾しない。

これまでの分析結果によれば、タイプの異なる複数のコメが出土する事例が多いことがわかっている（田中・上條編2014）。これは、性質が異なる複数のコメ品種を育てることで、悪天候などに対するリスク分散を図る戦略だったと考えられている。「古墳時代から古代にかけて、多様なコメ品種が存在した」とする土器使用痕研究からの推測と一致する部分もあるが、より詳細な検討が必要である。

弥生時代終末期の食器

弥生時代終末期の北川表の上遺跡22号住居から出土した土器。小型の高坏は一人用の食器とみられている。

（公財）横浜市ふるさと歴史財団
埋蔵文化財センター蔵

したがって、古墳時代から古代にかけての時期が粘り気の弱い品種から強い品種への交替の時期にあたり、蒸す方法が選択されたとする「コメ品種交代仮説」が提案されている。煙道付きカマドも、長時間の加熱に適した調理施設だった。

ご飯の食べ方と食器の変化

共有の飯用食器だった高坏は、弥生時代終末期になると、小型化して一人用になる（小林他二〇一七）。北川表の上遺跡でも、弥生時代終末期の二二号住居からは、小型の高坏がまとまって出土している。高坏からご飯を手づかみで食べていたのは変わらないが、器が一人ずつの前に置かれるようになったのである。

共有から一人用への食器の小型化は、席次が身分差を示す食卓のスタイルが大陸から伝わったことを示す。古墳時代中期まではこうした食事のスタイルが続いていたらしい。

古墳時代後期になると、食器は高坏から、脚台のない坏に変化する。これは置き食器から底持ち食器へと変わったことを意味する。北川表の上遺跡でも、古墳時代後期の四〇号住居（炭化おにぎりが出土した住居）からは、土師器の坏が多数出土している（七八ページ写真）。

置き食器から底持ち食器への変化は、ご飯の食べ方の変化と関係する。つまり、一方の手の平で坏の底を支え、もう一方の手で上からコメを押し付けて団子状に丸めて食べていたと考えられる。ここまでくれば、おにぎりまであと一歩…？

黒焦げおにぎりは難しい

ご飯の塊が焼けて炭になった――口で言うのは簡単だが、実際にやってみるとどうだろうか？　黒焦げおにぎりを実験で再現してみよう。

コメの品種や精米度、炊飯方法、混ぜ物や具材など、条件を変えてたくさんのおにぎりを作って焼いてみた。まずわかったことは、焼けすぎて灰になったり、崩れたりすることが多く、黒焦げおにぎりを作ることは意外に難しいということである。北川表の上遺跡の「炭化おにぎり」（→ P68 参照）は非常に大きいため、さらに難易度は高い。籠に入れたり葉で包んだりすると蒸し焼きになりやすそうな気もするが、このような包装はすぐに燃え尽きてしまい、おにぎり自体の焼け方にはあまり関係ない。蒸し焼きにするためには、灰や土をかぶせてやる必要がありそうだ。

①は一見うまく蒸し焼きになったように見える。でもこの炭化米塊をCTスキャンにかけると②、内部に水分が残っているのがわかる（白い部分）。これではすぐに腐ってしまうだろう。

①の乾燥した部分を切った断面③をみると、縁辺部で米粒がつぶれているのがわかる。こうした点がおにぎりを見分けるための特徴だといえる。

混ぜ物の有無は、CTスキャンで非常にはっきりわかる。梅干おにぎり④では梅の核と仁がはっきりみえるし、十六穀米おにぎり⑤ではマメ類に加えコメよりも小さなアワやキビなども見える。また、未調理のコメを焼いて塊にしてみたところ、非常に均質な断面になった⑥。おにぎりの断面③と比べると違いがよくわかる。

このように、焼成実験で作成した黒焦げおにぎりとのCTスキャン画像の比較によって、遺跡から出土した炭化米塊についても、コメの状態や具材の有無などを知ることができそうである。今後もさまざまな条件を変えて実験を行い、出土炭化米塊のCTスキャンによる解析事例も増やしていくことで、炊飯方法やおにぎりの歴史についてのさらなる知見が得られることだろう。

黒焦げおにぎり（ウルチ玄米・具材なし）

①焼成後の外観。

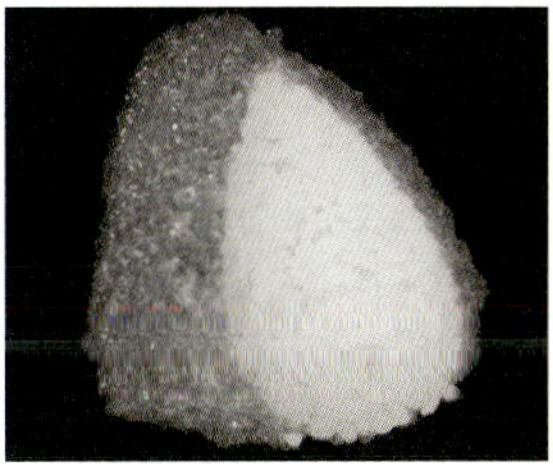

②内部のスキャン画像。白い部分が水分。

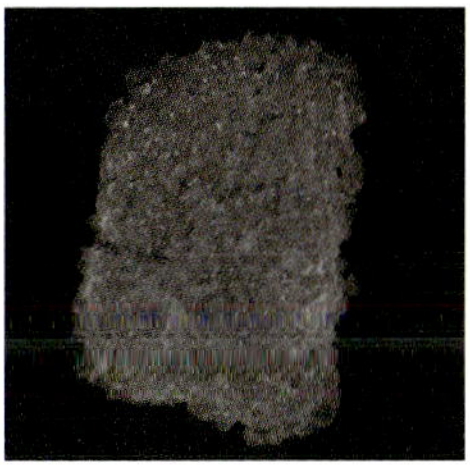

③乾燥している部分のスキャン画像。

黒焦げおにぎり（ウルチ白米）

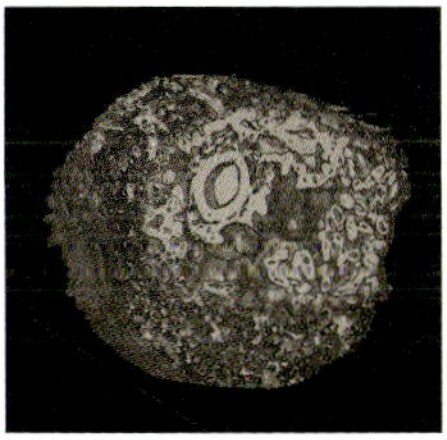

④梅干入り。

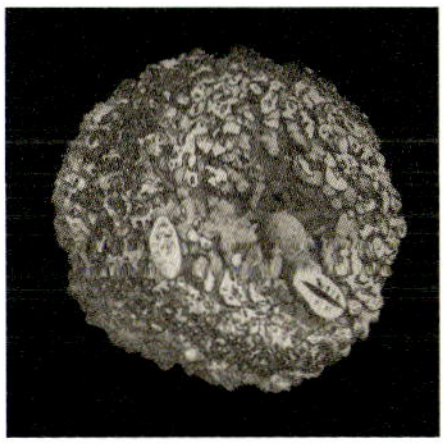

⑤十六穀米。

黒焦げ米塊（ウルチ白米・未調理）

⑥炊飯していないコメを焼いたもの。

CTスキャン画像提供　中央大学理工学部植物系統進化学研究室

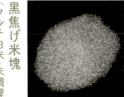

challenge 05

モチ米を使った蒸し炊飯実験

古墳時代の炊飯方法を実験！

前コーナーでみてきたように、古墳時代から古代にかけて、蒸し米が主流になった。カマドに据えた甕の上に甑を載せる炊飯方法に挑戦してみよう！

即席カマドのできあがり！

実験会場の遺跡公園ではカマドを造ることができないため、一斗缶を利用した簡易カマドを使って実験した。モチ米（白米）を使用すると、十分おにぎりを握れるやわらかさと粘り気のあるご飯が蒸しあがった。

一斗缶と甕のすき間を粘土でふさぐ。

火力が弥生式と段違いだ！

100ページのカマドの簡易版です

下の甕に湯を入れて沸かし、上の甑にモチ米を入れた。

試食の感想

ご飯が
甘い～
口の中で
お団子になる
粘り気
すごい

もっちりした
おにぎりの
できあがり！

古墳時代のおにぎりの復元模型（→ P68 参照）。

やったぜ

これなら、
おにぎりに
なりそう

粘り気のあるご飯である。

古代の炭化ご飯塊には布の痕がついたものもある（→ P66 参照）。このような蒸し炊飯による痕跡と考えられている。

ほかほか

布に包んだモチ米が蒸しあがったところ。

challenge 06

ウルチ米を使った蒸し炊飯実験

ウルチ米（玄米）を使用して、蒸す方法で調理した。事前の浸水が不十分だったため、差し水をしながらかなり時間がかけて蒸しあげた。硬めの仕上がりで、米粒はくっついているが、変形は少ない。

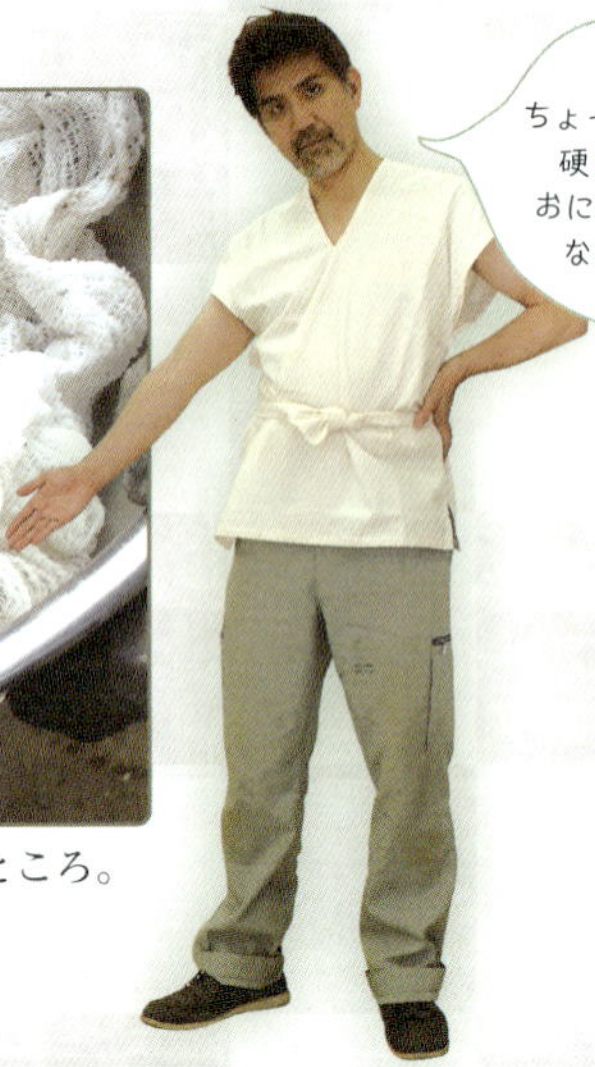
ちょっとご飯が
硬いけど、
おにぎりには
なります

蒸しあがったところ。

甕（湯釜）を加熱しているところ。

甑を載せ、布に包んだコメを入れる。底にはスノコを敷いている。

甑にはススやコゲはほとんど付かない。

実験を終えて

北川表の上遺跡40号住居から出土した長胴甕と甑をモデルにした復元土器を使い、蒸す方法による炊飯実験を行った。炭化米の形態だけからモチかウルチかを判別することは難しい。このため、実験ではモチとウルチを両方使用した。実験を通じてわかったことをいくつか挙げておこう。

- 甕とカマドにすき間があると、強く上昇する気流が生じて口縁部までススが付く。実際の資料では口縁部にススは付いていないので、もっと丁寧にすき間をふさいでいたはずである。
- 実験では甕の上半部がカマドから出ていた。上記のススの付き方からも、また胴部でより熱を受けるためにも、もっと深くカマドに差し込むべきである。
- コメは事前に十分に浸水させておく必要がある。また、振り水も不可欠である。
- モチ米であれば、十分におにぎりを作ることが可能である。ウルチ米の場合は、蒸すだけでは、硬めの仕上がりとなった。単に浸水が不足していたのかもしれないが、東南アジアの民俗例や江戸時代の文献にみられる「蒸し上げる湯取り法」であった可能性も考えられる。例えば、コメを布に包んで甕でゆでてから引き上げ、甕に載せた甑に入れて蒸しあげる方法が想定できる。

おはしとおわんの登場

中世の土製煮炊具

西ノ谷（にしのやと）遺跡（横浜市都筑区）から出土した11～12世紀の羽釜。鉄製品の形をまねて作られたもので、鍔（つば）の部分をカマドにかけて使用する。

横浜市歴史博物館蔵

平安時代後期から中世にかけて、鉄製の鍋・釜が現れる。カマドと鉄製の羽釜によって、粘り気の強いご飯を炊き干し法で調理するようになった。鉄製の煮炊具ではススコゲなどを観察することは難しいが、鉄製品を模倣して作られた土鍋では、使用痕の観察が可能である。中世の土鍋には、コゲに加えて白抜きの穀物痕や内面の剥落《はくらく》がみられ、コメの粘り気が強くなったことを示している（木立二〇一三）。

コメの品種の変化が食器を変えた

一四世紀後半に成立した『慕帰絵《ぼきえ》詞《ことば》』では、コメを炊くためのカマドと羽釜とは別に、囲炉裏《いろり》で鉄鍋を使っておかずを調理する様子が描かれている。カマドは近世の民家と同じ煙道を持たないタイプで、煙道付きに比べて火力は劣るが、燃料を節約できるという（小林二〇一七）。

コメの粘り気が強くなった結果、ご飯用の器が坏から埦《わん》（椀）に変化する。ただ深さが増しただけではなく、箸でご飯をつまんで食べるようになったために、器の持ち方が手の平で底を支える方法から口縁と高台《こうだい》を指で持つ方法に変化したことを示す。コメの品種の変化が、炊飯方法だけではなく、食器の持ち方や形にまで影響を及ぼしているのである。

前章では一五世紀の銭入りおにぎりを具入りおにぎりが存在した間接的な証拠と考えたが、直接的な証拠はまだ見つかっていない。だが、中世には粘り気の強いコメ品種が普及していたこと、白いご飯と少量のおかずを食べるスタイルが確立していたことがわかっている。白いご飯の塊に具材を入れる「おにぎり」につながる要素は出揃っており、この時期には具入りおにぎりが作られていた可能性は高い。

絵巻に描かれたカマド

中世の絵巻『慕帰絵詞』（部分）にはカマドや囲炉裏で鉄製の鍋釜を使って調理する様子が描かれている。

国立国会図書館蔵
14世紀後半　55-4

土鍋は炊飯に向かない!?

素焼きの土鍋は、炊き干し法の炊飯には不向きである（小林同前）。粘り気の強いコメを炊き干し法で調理すると、器壁に米粒が厚く貼り付いてしまうためである。したがって、中世における炊き干し法炊飯の普及は、鉄製煮炊具の普及とセットになっていたと考えられる。

なお炊飯用のものを含めて現代日本で販売されている土鍋の多くは、ペタライト（リチウム鉱石）を用いた素地に釉薬《ゆうやく》をかけて約一二〇〇度の高温で焼かれたものである。この技術は一九五〇年代に開発されたもので、中近世にこの種の陶器が炊飯具として一般的だったわけではない（現代の土鍋で炊いたご飯の味の良し悪しは、また別の問題である）。

ここでもう一つ疑問が生じる。そもそも素焼きの土鍋が炊飯に向かないならば、なぜコメを調理した痕跡の残る土鍋が出土するのだろうか？

中世の土製煮炊具は古代から連綿と作られ続けたわけではなく、いったん衰退したのちに鉄製品を模倣した形態で復活する（木立同前）。これは鉄が不足していたために代用品として作られたわけではなく、鉄製煮炊具とセットで使われたのだとする意見がある（宇野一九九六）。もともと日常の煮炊具にも実用的機能に加えて象徴的機能（宗教的な役割）が備わっており、後者をより強く引き継いだのが土製煮炊具だというのである。

必ずしも炊き干し法に向かない土鍋による炊飯が行われたのも、土製煮炊具のもつこうした象徴的な機能と関係していたのかもしれない。

トピックス

土器のくぼみからわかる、農耕の証拠

土器を作るときに、周りに落ちていた種などが粘土に混ざることがある。土器を焼くときに種は焼けてしまうが、粘土にはくぼみが残る。このくぼみを「圧痕《あっこん》」と呼ぶが、土器の表面や割れ口に残された圧痕をシリコンで型取りしてレプリカを作り、顕微鏡で観察して調べる研究方法が近年注目されている（佐々木二〇一七）。

くぼみのレプリカを作る

このレプリカ法には、いくつかのメリットがある。

第一に、資料の年代が確実である。植物の種のような小さな遺物の場合、どんなに慎重に発掘しても混入の可能性がある。年代測定を行うには、資料を破壊しなくてはならない。その点土器に残された圧痕の場合は、土器作りの場に種があったことは確実であり、土器の型式編年とも対比しやすい。

第二に、分析対象が普遍的である。植物質の遺物が長期間残るためには、水に浸かっていた場合や焼けて炭化した場合など、特定の条件が必要であ

レプリカ法

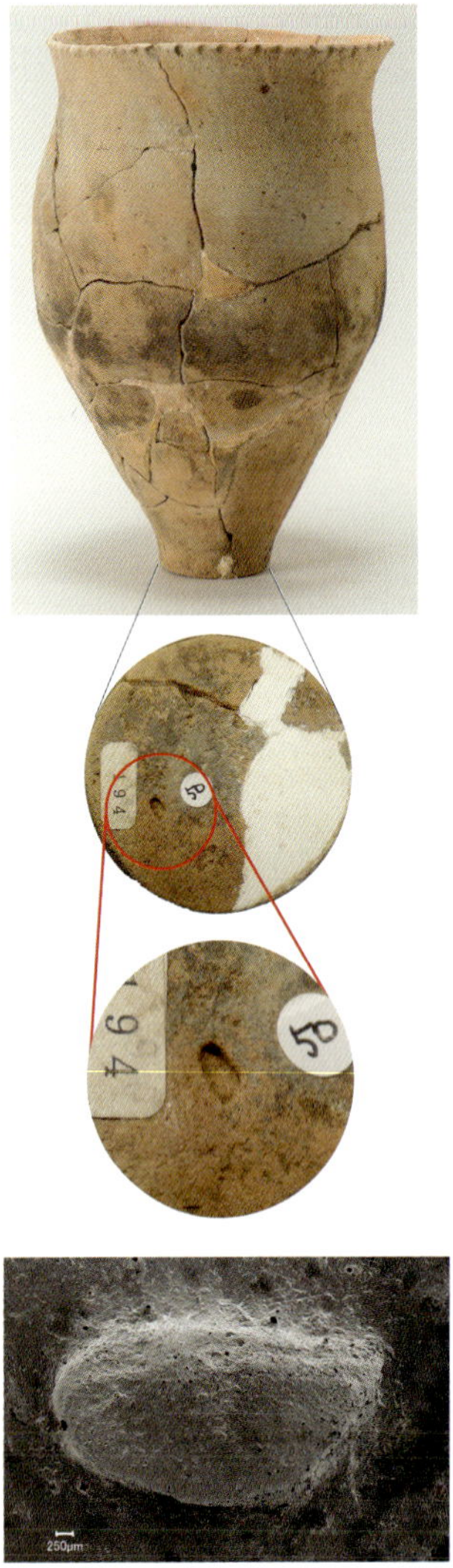

土器のくぼみをシリコンで型取り、走査型電子顕微鏡で観察することで、植物の種実や昆虫の種類などを特定する。写真は大塚遺跡Y23号住居出土の甕からみつかったイネの圧痕。

土器／横浜市歴史博物館蔵
圧痕レプリカ／佐々木由香氏提供

る。これに対して、土器はもっとも普遍的な遺物であるため、どんな遺跡でも分析の対象になりうる。

レプリカ法における最終的な同定作業は専門家の手によって行われるが、圧痕を探してレプリカを作成する作業自体は、少しの訓練で誰でもできるようになる。横浜市歴史博物館では、二〇一四年から市民ボランティアの参加を得て、大塚遺跡出土遺物の圧痕探しを行っている。

大塚遺跡は、横浜市都筑区にある国史跡で、一九七〇年代に弥生時代環濠集落を全面発掘したことで知られている。報告書には完形・半完形土器が三〇〇個体と土器片が多数掲載されているが、非掲載の遺物（主に土器片）はさらに多く、計一〇〇箱近くに達する。二軒の竪穴住居を選び、出土した土器片を非掲載資料も含めて全て観察した。種実圧痕をもつ土器はおよそ一〇〇〇点に一個であり、出現率は高くない。イネの圧痕が多く、アワ・キビは含まれていない。

現時点の結果によるかぎり、弥生時代中期後葉段階での農耕はイネ中心だったといえる。殻がついた籾と籾摺り後のコメの圧痕があったことから、土器作りの場の近くで脱穀が行われていたのかもしれない。

古い出土遺物から新たな知見が

注目すべき資料として、一点だけ検出されたエゴマの圧痕がある。エゴマはシソの仲間であり、葉や果実が食用になる。集落の近くで、イネ以外にも野菜類を栽培していたことがわかる。

大塚遺跡の発掘調査からは、すでに

圧痕調査の様子

横浜市歴史博物館での作業風景。シリコンでレプリカを作る作業は容易なので、ボランティアの参加を得て、圧痕探しが行われている。

写真　横浜市歴史博物館

エゴマ果実圧痕

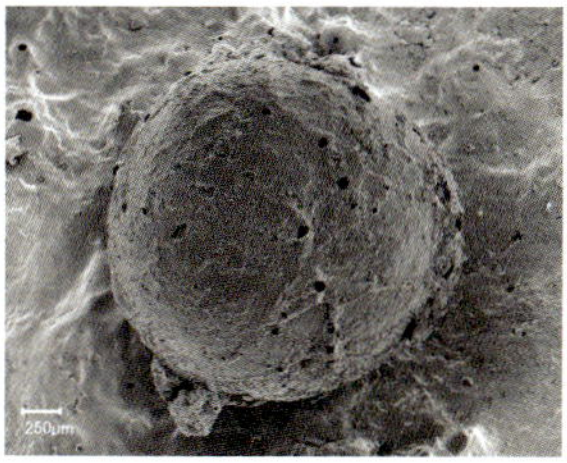

大塚遺跡の土器片から採取されたエゴマ果実のレプリカを電子顕微鏡で撮影したもの。

写真提供　佐々木由香氏

レプリカを採取した土器片

エゴマの痕跡がみつかった土器片は、無文の小さな胴部破片で、報告書にも掲載されなかった。今回の圧痕調査がなければ、再び袋から取り出して観察され、展示される機会はなかっただろう。

横浜市歴史博物館蔵

四〇年以上が経過した。理化学的分析を含めた近年の発掘調査手法の発達は目覚ましいものがあるが、高度経済成長期に蓄積された膨大な資料を活用していくことも重要である。レプリカ法は、こうした古い調査による出土遺物からも、新しい情報を引き出すことが可能である。また、そのプロセスに市民が自らの手で関わることができる。

こうした点においても、レプリカ法による土器の圧痕研究のもつ可能性は大きいといえるだろう。

土器に残されたコクゾウムシの痕

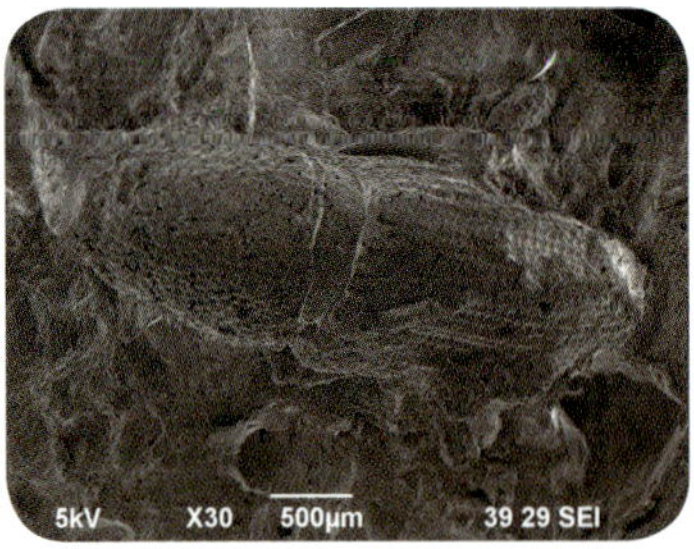

青森県三内丸山遺跡で発見された縄文時代前期のコクゾウムシ。

青森県教育庁文化財保護課蔵・小畑弘己氏写真提供　18-2

昆虫も土器に混ぜた？

圧痕の元となった種実は、土器作りの場に偶然落ちていた場合と、わざと粘土に混ぜ込んだ場合があると考えられている。偶然の場合は、土器作りの場がどんな環境だったのかを知る手がかりとなる。

マメなどの大きな種実の場合や、非常に大量にみつかる場合は、意図的に入れた可能性が考えられる。粘土に砂を混ぜるのと同じような土器製作のテクニックだったのか、あるいは豊穣祈願などの願いを込めたのかもしれない。

植物だけではなく、昆虫の圧痕が残っていることもある。特に多いのが、貯穀害虫であるコクゾウムシの圧痕である。

コクゾウムシはコメやムギ類などのイネ科穀類だけを食べるので、日本列島での稲作開始との関連で注目を集めた。二〇〇〇年代に縄文土器からコクゾウムシ圧痕が次々に確認され、縄文時代に稲作が行われていた証拠だと考えられたのである。

しかし、コクゾウムシはドングリ類やクリなどの木の実を食べても生息できるので、稲作とは直接結び付けられないことがわかってきた。現在ではコクゾウムシの圧痕は北海道から九州までの縄文土器で確認されており、もっとも古いものは縄文時代早期（一万年前）にさかのぼる。これは木の実が貯蔵されていたことと、寒冷地にあっても冬季に温暖な室内環境が存在したことを示している。

二〇一八年、北海道福島町の館崎遺跡で、コクゾウムシが五〇〇匹以上練り込まれた土器がみつかった（Obata et al 2018）。これはCTスキャンによって、表面や割れ口以外の圧痕も数えたものである。これだけの数になると意図的に入れたとしか考えられないが、その目的は一体何だったのだろうか？

イネとアワ・キビ

稲作は、中国の長江流域において紀元前7000年代（縄文前期並行）に始まった。日本列島には、朝鮮半島を通じて伝わったと考えられているが、朝鮮半島では稲作開始に先行してアワ・キビの雑穀農耕が存在した。このため、日本列島でも稲作の前段階にアワ・キビの雑穀農耕が存在した可能性がある。

本州中央部（東海～関東地方）の弥生時代初期は、集落がほとんどみつかっておらず、遺跡のほとんどが再葬墓と呼ばれる墓であるため、生業に関わる情報が乏しい。土器の種実圧痕のレプリカ法による研究は、こうした資料からも生業に関する情報を引き出すことができるため、広域における農耕の波及を論じるのに適している。下図は、種実圧痕の調査成果を中心に、炭化種実などのデータも加えて、列島各地でのイネ・アワ・キビの出現時期を示した表である（中沢2017）。九州から近畿・北陸にかけての西日本では、基本的にはイネがアワ・キビに先行して出現しているのに対して、東海から関東・新潟にかけての本州中央部では、イネに先行して雑穀が現れる傾向がある。したがって本州中央部では、稲作の前段階に雑穀農耕が行われていた可能性があると言えよう。

イネもアワ・キビも、朝鮮半島から日本列島に伝わったと考えられている。日本列島で稲作が始まった時期の朝鮮半島においては、水田稲作とアワ・キビの畠作がセットで行われていたから、両者が同時に入ってきてもよさそうなものだが、列島内で地域による受容のタイミングが違ったらしい。これは受け入れる側の事情によって、取捨選択が行われていた可能性を示している。アワ・キビの畠作に比べると、水田におけるイネ栽培は灌漑施設の整備などに、大規模かつ集中的な労働力の投下を必要とする。したがって、本格的な水田稲作を導入するためには、大きな社会の改変が不可欠となる。こうした点を嫌って、イネではなく雑穀を選択したのではないか、とする解釈も示されている（遠藤2016）。

各地のイネ・アワ・キビの出現（中沢2017に加筆）

2016年12月現在

推定年代 calBP	九州	山陰	瀬戸内（四国含む）	近畿	北陸	東海	中部高地	関東	新潟（上越）	新潟（中下越）	東北
2800～2700	「江辻SX1」（アワ：江辻）（アワ：石井入口）	「桂見Ⅰ式」（イネ：板屋Ⅲ）	前池式	滋賀里Ⅵ式	下野式（古）	西之山式	佐野Ⅱ式（古中）	安行3d式・前浦式	佐野Ⅱ式（古中）	朝日式	大洞C2式（古）
	山の寺式／夜臼Ⅰ式（イネ：上中段）（キビ：橋本一丁田）	「桂見Ⅱ式」（キビ：三田谷Ⅰ）（アワ：青木）	津島岡大式（イネ：上東中嶋）（イネ：上郷）	口酒井式（イネ：口酒井）	下野式（新）	五貫森式（古）	佐野Ⅱ式（新）		佐野Ⅱ式（新）	上野原式	大洞C2式（新）
2700～2600	夜臼Ⅱa式	古市河原田式	沢田式（アワ：叶浦B）	船橋式（キビ：宮ノ下）	長竹式（古）	五貫森式（新）（キビ：大西）（アワ：山王）	女鳥羽川式（イネ：石行）（キビ：御社宮司）	桂台式・向台Ⅱ式（キビ：田原）	女鳥羽川式	鳥屋1式	大洞A式（古）
2600～2500	板付Ⅰ式 夜臼Ⅱb式	古海式	沢田式／津島式（キビ：三谷）	長原式／第Ⅰ様式（古）	長竹式（新）（イネ：御経塚）	馬見塚式	離山式 氷Ⅰ式（古）（アワ：中道）	杉田Ⅲ式・千網式	離山式 氷Ⅰ式（古）（アワ：和泉A）	鳥屋2a式	大洞A式（新）
2500～2400	板付Ⅱa・b式	「前期2式」	高尾式	第Ⅰ様式（中）	柴山出村式（古）	樫王式（イネ：大西）	氷Ⅰ式（中新）	杉田Ⅲ式・千網式／荒海式（アワ：平沢道明）	氷Ⅰ式（中新）	鳥屋2b式	大洞A′式
2400～2300	板付Ⅱc式	「前期3式」	門田式	第Ⅰ様式（新）	柴山出村式（新）	水神平式	氷Ⅱ式	荒海式・沖Ⅱ式（イネ：中屋敷）	氷Ⅱ式（キビ：和泉A）（イネ？：和泉A）	緒立式（雑穀？：緒立）	砂沢式（イネ：生石Ⅱ）

＊現時点において各地域で最古のイネ、アワ、キビデータを土器編年上に示した。

イネ　アワ　キビ　雑穀

トピックス

炭化種実塊から見た穀類利用

佐々木由香　株式会社パレオ・ラボ／明治大学黒耀石研究センター

「炭化種実塊」が示す情報

「炭化種実塊」は、植物の果実や種子の塊が熱を受けて固まったものである。日本列島の土壌は基本的に酸性のため、生の植物遺体は土壌中のバクテリアによって分解されてしまい残らない。有機物である植物が残るには、地下水位が高くて常に水つきであった低湿地遺跡に堆積するか、炭化して無機物になるなどの条件が必要である。

炭化して残る種実は、当時、わざわざ炭化したものではなく、ほぼ偶発的に形成されたものである。しかも、火を直接受けて燃えると灰になってしまい、灰にならなかったとしても変形して本来の植物の形がわからなくなってしまう場合も多い。したがって、形状がある程度わかる状態で炭化して種実が出土するには、植物本来の形を保ったまま、直火にあたらずに、火からやや離れた場所で一定時間蒸し焼き状態になるなどの条件が必要である。

このように炭化した種実は偶発的な産物であるが、ごくまれに穀物などの食用植物が塊の状態で炭化して出土する。穀類の炭化種実塊は自然には形成されないので、人間との関わりが推定でき、穀類の保管方法や調理方法といった情報を読み取ることができる。炭化種実塊は、炭化種実よりも長時間一定温度で蒸し焼きにされるなど、さまざまな条件を経て偶発的に残った遺物である。

また、発掘調査で炭化種実塊が検出されて、その後保管されるのも簡単ではない。堆積物中の種実塊にクラックが入ると割れやすくなり、また塊の状態で取り上げられたとしてももろい場合が多く、出土した状態を保ったまま保管するのは難しい。取り上げたものでも、塊の形状を保ったまま取り上げられていて、かつそれが何であるのか調べられた資料でないと、遺物として認識されない場合もある。

炭化米塊のバリエーション

炭化種実塊の種実は、これまでイネが多かった。そのため、単に炭化米の塊として捉えられており、どのような段階で塊となったのかという形成のプロセスはほとんど検討されてこなかった。あるいは、植物学的な同定や形態が調査されないまま、「おにぎり」などとして扱われる場合もあった。

二〇一四年に横浜市歴史博物館で開催された「大おにぎり展」は、初めて一箇所に炭化種実塊が収集された展示であった。展示後、一点ずつ形態の観察を行ったところ、各収蔵先で認識されている名称と炭化種実塊の形状は異なる個体が多かった。

　イネの塊の場合、「稲穂」、「籾（脱穀後）」、「籾殻」、「玄米（籾摺り後）」、「炊飯中」、「ごはんや粥（炊飯後）」、「おにぎりやちまき、寿司（炊飯後の加工品）」といったように、保管から加工、調理までの多様な加工過程で炭化している。どの状態で炭化したかを把握すれば、人間がイネをどのように保管して、加工し、調理していたのかを復元する手がかりとなる。

　イネの塊は大きく調理前と調理後に分類できる。調理前の事例として、大田区久原《くがはら》小学校内遺跡では、弥生時代後期の住居跡床面から出土した炭化籾の塊が報告されている（大田区教育委員会二〇〇一）。二〇一八年に再観察した結果、籾は同一方向に並び、護頴《ごえい》が残存し、籾と籾を繋ぐ部分の残存は悪いものの同一方向に繊維状の植物遺体もあるため、炭化した稲穂の束と考えられた（佐々木二〇一七、❶）。籾や穂は糊着《こちゃく》しないため、塊では残りにくい。したがって穂が結ばれていたか、なんらかの植物質の容器に入っていて炭化した可能性が考えられた。

　調理中の米や調理後のご飯やおにぎりといった食品の状態を判断するには、外部構造の観察と併せて、X線CT観察による内部の構造観察が有効である。特に調理後の形態で「おにぎり」のように握られた状態や、穀類以外の内容物の有無を確認するには、X線CTに頼らざるを得ない。

　X線CT画像により構造の把握ができた例としては、神奈川県北川表の上遺跡の古墳時代後期（六世紀）の焼失住居の床面から出土した約一五センチ角の炭化米塊がある（佐々木ほか二〇〇九、❷）。外面観察とX線CT画像観察の結果、調理された米であり、上面観と側面観でそれぞれ四つの塊に

❶大田区久原小学校内遺跡出土の炭化稲穂（弥生時代後期）。

大田区立郷土博物館蔵

❷神奈川県北川表の上遺跡の弁当箱に入った炭化おにぎりの内部のCT画像（6世紀）。

（公財）横浜市ふるさと歴史財団埋蔵文化財センター蔵

❸青森県沢部（1）遺跡の粥状のご飯塊と内部のCT画像。

青森県埋蔵文化財調査センター蔵

分かれていた。また、それぞれの塊の外周に近くなるほど米の密度は高くなり、米の粒径は不整形を呈した。

これは外周側の米が握られて変形し、本来の形状を保っておらず、かつ握る行為によって密度が増したと推定された。さらに、塊の外周側には籠の素材や籠の編み目がわかる圧痕が残っていた。籠の素材や圧痕が残るのは米が調理後のやわらかいうちである。したがってこの不整形の計八個の塊は、炊飯後の米を手で握り、方形の編み籠に詰められた食品で、「お弁当箱に入っていたおにぎり」の可能性が考えられた。

このほか、青森県沢部《さわべ》（1）遺跡の古代の竪穴建物跡の床面から出土したイネの炭化種子塊は、全体的に米粒同士が糊着していて粒が変形しており、粒の内部は中実で、塊の下面は湾曲した面を形成していた（パレオ・ラボ二〇一八a、❸）。米の変形率と密度が高く、塊の内部でも中実な種子が多いのは、低温で水分が多い状態で炭化したと推測される。水分を多く含んだ粥状の状態で木製椀や土器などの容器に入った米が炭化して塊になった可能性が指摘された。

❹青森県赤坂遺跡の敷物の上の炭化種実塊（9世紀後半～10世紀前半）。エゴマ果実が集中している。

写真　青森県埋蔵文化財調査センター提供

❺山梨県前付遺跡の炭化ご飯が入った編み籠〔出土状況の反転〕（古墳時代前期）。

笛吹市教育委員会蔵

「大おにぎり展」以前と以後で何が変化したか？

塊と容器：炭化おにぎり塊のように加工された炭化種実塊が形成されるには、土器や編組《へんそ》製品、木製品などの容器に入れられるか、握りなどによって塊の外周を糊着させる必要がある。「大おにぎり展」以後、塊になる要因や容器の有無を含めて炭化種実塊が調査されるようになった。

その結果、青森県赤坂遺跡では、九世紀後半～一〇世紀前半の編組製品や織物に伴ってエゴマ果実が集中し（パレオ・ラボ二〇一五、❹）、山梨県前付《まえつけ》遺跡では、古墳時代前期の住居から飯を入れた状態で編み籠が検出された（笛吹市教育委員会二〇一五、❺）。

これら炭化種実塊は土付きのまま取

り上げられ、丁寧に土壌を取り除いた結果、編み籠や敷物の発見に繋がり、素材植物種の同定も行われ、どのような容器に入れられていたのかが具体的に明らかになった。

イネ以外の穀類塊：イネ以外の炭化種実塊も発見されるようになった。特に青森県で古代の出土例が増加しており、郷山前村元《ごうさんまえむらもと》遺跡では一〇世紀前半以前のキビとアワの有ふ果と種子の塊（パレオ・ラボ二〇一八c）、沢部（1）遺跡では一〇世紀後半のアワとイネが混ざった塊が明らかになった（パレオ・ラボ二〇一八a、❻）。沢部（1）遺跡ではX線CT解析の結果、炊いた雑穀米が木製容器に入れられ、さらにやわらかい道具などで表面がならされ、平坦になった可能性が示された。

　熊沢溜池《くまさわためいけ》遺跡では、一〇世紀中葉の炭化種実塊が三三点検討され、イネは全てご飯塊であったほか、容器である板材が一部に付着していた（パレオ・ラボ二〇一八b、❼）。ダイズ炭化種子塊も二点確認された。種子がやや変形し、糊着している状況から、納豆などの発酵食品の可能性も考えられる。

銭が入ったおにぎり：「大おにぎり展」後も炭化おにぎり塊の内部に銅銭が含まれる例が増加している。埼玉県大平《おおひら》遺跡ではX線CT解析により、おにぎりの内部に六文銭が確認され、銅銭は「永楽通宝《えいらくつうほう》」と判明し、この銭の流通量が関東地方で増加する一六世紀代におにぎりが位置づけられる可能性が示された（埼玉県埋蔵文化財調査事業団二〇一六、❽）。

　おにぎりに銅銭が入る例は中世にしか確認されていない。梅干などの食用の具材が入ったおにぎりの存在は確認されておらず、今後の課題である。

❻青森県沢部（1）遺跡のアワとイネが混ざったご飯の塊（10世紀中葉）。

青森県埋蔵文化財調査センター蔵

❼青森県熊沢溜池遺跡の炭化ご飯塊のCT画像（10世紀中葉）。片面に容器の板材が付着している。

青森県埋蔵文化財調査センター蔵

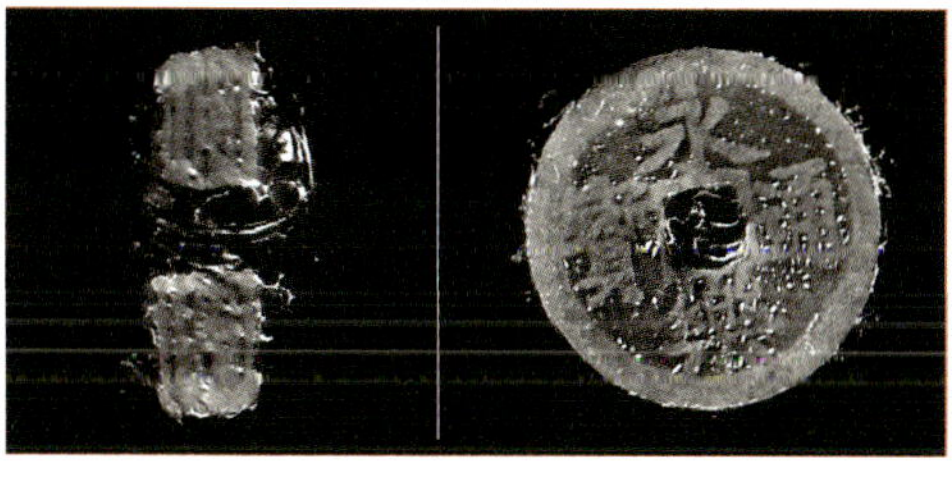

❽おにぎりの内部に入れられた「永楽通宝」（16世紀代）。埼玉県大平遺跡出土。

埼玉県教育委員会蔵

EPILOGUE

「大おにぎり展」の反響

二〇一四年秋の企画展「大おにぎり展―出土資料からみた穀物の歴史」は、炭化穀物を中心に取り上げた初めての博物館展示であった。近年の植物考古学の成果には目覚ましいものがあり、多くの考古学系展示で取り上げられてはいるが、あくまで「おかずの一品」（大規模な展示の一コーナー）か「おやつ」（小規模なテーマ展示）としての役割だった。炭化種実にせよ土器圧痕《あっこん》にせよ、扱う資料が小さくて地味であり、これを「メインディッシュ」としたコース料理を提供できるとは誰も考えていなかったのである。

展示の学術的な成果とその後の展開については本書中の佐々木氏のトピックス（一一四ページ）に詳しいが、ここでは博物館としての立場から展示を振り返ってみたい。

学問的には面白いがモノとしては地味なテーマを、「おにぎり」という身近な食べ物を切り口にすることで、お客さんの興味を引く形で展示できないか、というのが「大おにぎり展」のコンセプトであった。このため、展示タイトルやチラシのデザインも、歴史系の地域博物館としてはかなり大胆に攻めたものにした。その結果、ネットメディアや漫画雑誌など、普段とは異なる媒体にも取り上げられ、ツイッター等SNSで話題になることも多かった。

六週間の会期中に約六〇〇〇人の来場者があったが、その中身が普段とは大きく異なっていた。通常、横浜市歴史博物館の客層は、シニア層の男性が七割以上を占めている。それが「大おにぎり展」では、半分以上を女性が占め、さらに四〇歳代以

「大おにぎり展」のポスターとチラシ。チラシには折るとおにぎり形になるように折り目が付いており、おにぎり形に折って持参すると割引になるという特典もあった。
（デザイン：やなぎ堂）

下の割合が高かった。初めての来館者の比率も高く、普段はあまり歴史博物館には来ないような新しい客層へのアピールに成功したといえる。

展示関連行事も、講座・講演会・展示解説という定番のラインナップに加えて、遺跡公園での炊飯実験「実験！古代のご飯を食べよう」や、北川表の上遺跡のかごを復元するワークショップ「古墳時代のお弁当箱を作ろう」、「土器の圧痕レプリカ体験」、土器片クッキー・ドッキーの試食体験「土器を食べちゃえ！」など、オリジナルの企画を多く実施した。

これらの中には、その後も継続して実施されたり、新たな展開のきっかけとなったものもある。遺跡公園での炊飯実験の成果については第四章で紹介した。圧痕レプリカ体験は市民ボランティアとの協働という形で継続している（一一〇ページ、トピックス参照）。さらにドッキーは「考古系スイーツ」の一つとして話題を呼び、各地でワークショップが開催されるなど、全国的な展開を見せている。

お菓子作り考古学者ヤミラさんが作る土器片そっくりのクッキー、ドッキーの試食イベント「**土器を食べちゃえ！**」も実施。左がクッキーで、右が木物の土器片である。クオリティの高さがツイッターなどでも話題を呼んだ。

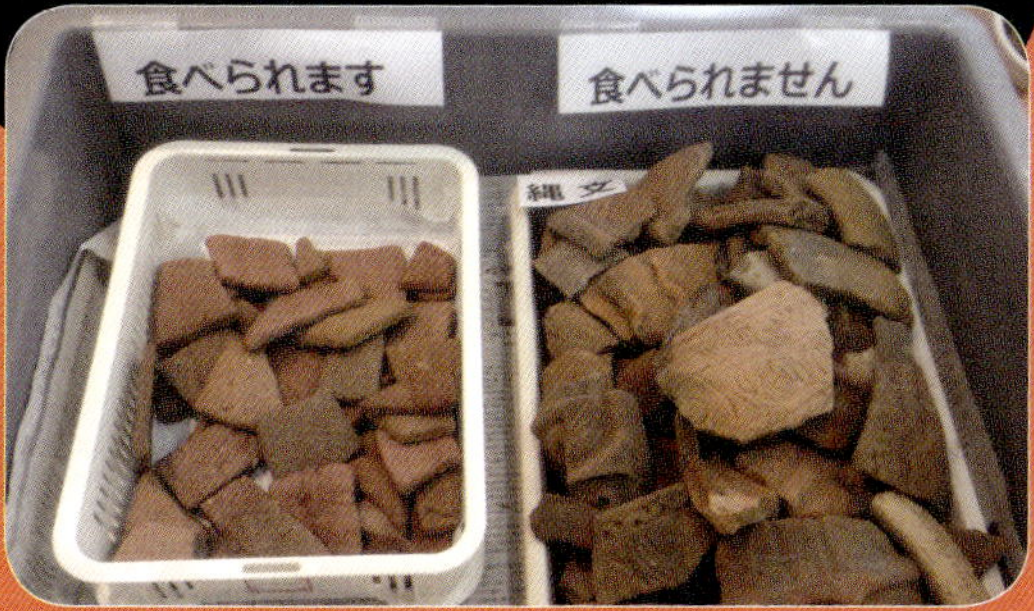

「おにぎり」という親しみやすいテーマのため、通常の展示解説のほか、親子向けの展示解説も実施した。

関連行事とはいえないが、展示に向けてテンバコ（小型の箱形コンテナ）で稲を育てていた「歴博たんぼ」についても、翌年以降も徐々に規模を拡大しながら継続し、「歴博ファーム」プロジェクトとして、陸稲や麦の栽培にも手を広げている。

おわりに

本書では、文献や絵図、考古資料などさまざまなアプローチによって、「おにぎりの歴史」に迫ってきた。それ自体では何も語らない資料から、さまざまな分析や考察によって情報を引き出していく、そのプロセスの面白さを楽しんでいただけたならば幸いである。

本書のもととなった「大おにぎり展」の企画が生まれたのは、二〇〇九年の暮れだった。この年、横浜市ふるさと歴史財団埋蔵文化財センターは北川表の上遺跡の発掘調査報告書を刊行し、それに合わせた「横浜の遺跡展」を横浜市歴史博物館で開催していた。その関連講座で講師を務めた佐々木由香さんを囲んでの打ち上げの席で、ほかにも炭化米塊の出土例があることを教えられ、それらを集めた展示のアイディアが出た。

真っ黒な塊をずらりと並べた展示室のイメージと、「大おにぎり展」というタイトルまでその場で決まったと記憶している。酒席での与太話の一つとして消えていったのだが、図らずも五年後に実現することとなった。

おかげさまで展示図録も評判がよく、企画展終了後まもなく完売して品切れになっていた。展示開催中から何度も博物館に足を運んでいた盛田真史さんから図録をベースにした本書の出版企画の提案があり、単なる再刊ではなくその後の知見を加えて再構成した書籍というコンセプトが決め手となって、本書の刊行に至った次第である。

企画展を監修していただいた佐々木由香さんには、多忙な業務の合間を縫って、最新の研究状況を紹介するコラムを書き下ろしていただいた。かご作家の高宮紀子さんには、図録掲載コラムを再構成していただいた。図録にはそのほかにも計一一本のコラムが掲載されていたが、それらについては、本書の内容に反映させていただいた。執筆者の皆さまには、改めてお礼を申し上げたい。また、企画展に引き続いて資料の掲載を許可いただいた所蔵機関にも感謝申し上げる。

河出書房新社の稲村光信さんと盛田真史さんは、遅れがちな原稿を辛抱強く待ち、時に強く催促していただき、なんとか本書の出版にこぎつけることができた。末筆であるが、記して感謝したい。

二〇一九年一月

横浜市歴史博物館　高橋 健

執筆者紹介

高橋 健　横浜市歴史博物館学芸員

先史考古学（特に骨角製漁具の研究）。1971年フィリピン・ルソン島生まれ。2007年東京大学大学院人文社会系研究科博士課程修了、博士（文学）。日本学術振興会特別研究員（PD）、東京大学大学院人文社会系研究科助教（北海文化研究常呂実習施設勤務）を経て、2009年より現職。著書に『日本列島における銛猟の考古学的研究』（北海道出版企画センター、2008年）。横浜市歴史博物館では、「考古学ってなに？」（2010年）、「大昔のムラを掘る―三殿台遺跡発掘50年」（2011年）、「海にこぎ出せ！弥生人」（2012年）、「N. G. マンローと日本考古学」（2013年）、「大おにぎり展」（2014年）、「称名寺貝塚―土器とイルカと縄文人」（2016年）、「横浜発掘物語2017」（2017年）、「横浜に稲作がやってきた!?」（2017年）などの企画展・特別展を担当した。

佐々木 由香　株式会社パレオ・ラボ統括部長／明治大学黒耀石研究センターセンター員

植物考古学。著書・論文に「縄文人の植物利用―新しい研究法からみえてきたこと―」（工藤雄一郎・国立歴史民俗博物館編『ここまでわかった！縄文人の植物利用』2014年）、「編組製品の技法と素材植物」（工藤雄一郎・国立歴史民俗博物館編『さらにわかった！縄文時代の植物利用』2017年）、「縄文時代の編組製品とは？」（佐賀市教育委員会編『縄文の奇跡！東名遺跡　歴史をぬりかえた縄文のタイムカプセル2017年）など。横浜市歴史博物館「大おにぎり展」のほか、大田区立郷土博物館「土器から見た大田区の弥生時代―久ヶ原遺跡発見、90年」（2017年）などの企画展に協力。

高宮 紀子

バスケタリー作家。「大おにぎり展」において、北川表の上遺跡から出土した「古墳時代のお弁当箱」の復元を担当。企画展では、イベント「古墳時代のお弁当箱を作ろう」の講師も務めた。

本書の刊行にあたり、掲載した資料の所蔵機関に加え、以下の方々・団体のご協力を賜りました。

小林正史

川畑和弘

株式会社パレオ・ラボ

弘前大学北日本考古学研究センター

東北大学総合学術博物館

やなぎ堂

ヤミラ（下島綾美）

（公財）横浜市ふるさと歴史財団埋蔵文化財センター

横浜縄文土器づくりの会

横浜市歴史博物館活動支援ボランティア

（順不同・敬称略）

横浜市歴史博物館について

常設展示室

大塚・歳勝土遺跡公園

横浜に暮らした人々の三万年の歴史を俯瞰する博物館

常設展示は、原始から近現代までの６つの展示室が円形に配置され、好きな順番で観覧できる。

本書に関連する部分では、横浜の弥生時代を象徴する国指定史跡「大塚・歳勝土遺跡」の大型模型や、古墳時代〜奈良・平安時代のムラの様子と生活の様子が発掘資料などをもとに展示されている。横浜というと港町というイメージだが、内陸に入ると起伏の多い「坂の町」だ。これらの丘陵や谷戸を原始〜古代の人々がどのように利用していたのかを、模型などからうかがうことができ、興味深い。

本書でも再三登場した原始〜古代の土器、すなわち煮炊具や食器類の実物もたくさん展示されている。これらの道具を使って、どのように調理や食事をしたのかについて考えてみるのも楽しい。

博物館に近接して、今から約2200年前の弥生時代の環濠集落を竪穴住居、高床式倉庫などの復元建物とともに再現した「大塚・歳勝土遺跡公園」があるので、実物のスケールもぜひ体感してほしい。

このほか、体験学習メニューが充実している「れきし工房」もあり、イベントやメニューはホームページから確認できる。

横浜市歴史博物館

- 神奈川県横浜市都筑区中川中央1-18-1
- TEL／045-912-7777
- 開館／9:00〜17:00（チケット販売は16:30まで）
- 休館／月曜（祝日の場合は翌日）、年末年始
- 料金／常設展：一般400円、高校・大学生200円、小・中学生100円（特別展・企画展の観覧料は別途定める。大塚・歳勝土遺跡公園は無料）
- ホームページ https://www.rekihaku.city.yokohama.jp/

アクセス

横浜市営地下鉄センター北駅から徒歩５分

主要参考文献

第1章

◉生内玲子 1979『おにぎり・おむすび風土記』日本工業新聞社

◉小田きく子 2005『おにぎりに関する研究（第1報）』ブックレット近代文化研究叢書、昭和女子大学近代文化研究所

◉小田きく子 2006「おにぎりに関する研究（第2報）」『学苑・生活科学紀要』794:66-77

◉食糧庁・全国米穀協会 1987『ふるさとおにぎり百選』創造書房

◉田村真八郎 1978「おにぎり・おむすび考」『食糧管理月報』30(12):26-28

◉田村真八郎 1979「続おにぎり・おむすび考」『食糧管理月報』31(1):30-32

◉田村真八郎 1981「続々おにぎり・おむすび考」『食糧管理月報』33(10):46-50

第2章

◉有岡利幸 2001『梅干』ものと人間の文化史 99 法政大学出版局

◉伊藤信博 2011「「酒飯論絵巻」に描かれる食物について―第三段、好飯の住房を中心に―」『言語文化論集』

◉かながわの貝塚に学ぶ会編 2008『神奈川県貝塚地名表』神奈川県立歴史博物館

◉昭和女子大学人間文化学部歴史文化学科中屋敷遺跡発掘調査団 2008『中屋敷遺跡発掘調査報告書』

◉玉川文化財研究所 2003『羽根尾貝塚』

◉浜諸磯遺跡調査団 1991『浜諸磯遺跡』三浦市埋蔵文化財調査報告書 1

◉浜諸磯遺跡調査団 1998『浜諸磯遺跡―E 地点発掘調査報告書』

◉林　順信・小林しのぶ 2000『駅弁学講座』集英社新書、集英社

◉日比野光敏 1994「すし（鮓・鮨・寿司）」『たべもの日本史総覧』pp.108-109 新人物往来社

◉宮下　章 2000『鰹節』ものと人間の文化史 97 法政大学出版局

◉宮下　章 2003『海苔』ものと人間の文化史 111 法政大学出版局

◉百原　新 2014「観る梅と食べる梅」『大おにぎり展』p.65

◉柳田真由美 2004「国定教科書における「国民的童話」の教材化に関する考察『中国四国教育学会　教育学研究紀要』50:326-331

第3章

◉青森県教育委員会 2000『野木遺跡Ⅲ』青森県埋蔵文化財調査報告書 281

◉青森県教育委員会 1978『黒石市高館遺跡発掘調査報告書』青森県埋蔵文化財調査報告書 40

◉青森県埋蔵文化財調査センター 2006『大沢遺跡・寒水遺跡・倉越 (2) 遺跡Ⅱ・大池館遺跡Ⅱ』青森県埋蔵文化財調査報告書 417

◉石野博信 1990「火災住居跡の課題」『日本原始古代住居の研究』pp.303-350 吉川弘文館

◉石川県埋蔵文化財センター 1989『白江梯川遺跡Ⅱ』

◉石川県埋蔵文化財センター 1995『谷地・杉谷遺跡群』

◉一戸町教育委員会 2006『大平遺跡』一戸町文化財調査報告書 56

◉大谷弘幸 2002「炭化種子から見た農耕生産物の推定」『財団法人千葉県文化財センター研究紀要』23:141-192

◉大塚昌彦 1998「土屋根をもつ竪穴住居—焼失家屋の語るもの—」浅川滋男編『先史日本の住居とその周辺』pp.23-40 同成社

◉川端清倫・伊丹徹 2000「神奈川県出土弥生時代炭化米集成」『西相模考古』9:90-95

◉京都市埋蔵文化財研究所 1993『昭和 63 年度　京都市埋蔵文化財調査概要』

◉京都市埋蔵文化財研究所 2013『京都市内遺跡発掘調査報告　平成 24 年度』

◉齊藤あや 2009「北川表の上遺跡出土の玉類について」『北川表の上遺跡』pp.415-422

◉佐々木由香 2014「遺跡で植物が残るには？」『大おにぎり展』p.7

◉佐々木由香・バンダリ スダルシャン・米田恭子・村田健太郎・小石川篤 2009「北川表の上遺跡出土炭化種実同定および炭化種実塊の X 線 CT 画像解析による検討」『北川表の上遺跡』pp.423-435

◉佐藤敏也 1971『日本の古代米』雄山閣考古学選書 1 雄山閣

◉高田和徳 1999「縄文時代の土屋根住居の焼失実験－岩手県一戸町御所野遺跡の事例—」『月刊文化財』434:38-39

◉多古町教育委員会 1986『新城遺跡上橋城跡』

◉田原本町教育委員会 2004『唐古・鍵考古学ミュージアム展示図録』

◉塚本敏夫 2017「古墳時代における武器・武具祭祀の変容」『鎮物としての武器・武具—武具埋納祭祀の展開—』pp.7-14（宗）・元興寺・（公財）元興寺文化財研究所

◉富山市教育委員会 2007『富山市小出城跡発掘調査報告書』富山市埋蔵文化財調査報告 14

◉直良信夫 1956『日本古代農業発達史』さえら書房

◉橋本澄夫 1991「“ちまき（粽）”を食べる」『考古学ジャーナル』337:31-35

◉春成秀爾編 2008『直良信夫コレクション目録』国立歴史民俗博物館資料目録 7 国立歴史民俗博物館

◉平塚市真田・北金目遺跡調査会 2008『平塚市真田・北金目遺跡群発掘調査報告書』6

◉藤田三郎 2006「唐古・鍵遺跡、清水風遺跡出土の 14C 測定土器の所見」『田原本町文化財調査年報』14;97-114

◉妙高市教育委員会 2008『斐太歴史の里確認調査報告書Ⅲ　鮫ヶ尾城跡　立ノ内館跡』斐太歴史の里調査報告書 6

◉弥生時代研究プロジェクトチーム 2001「弥生時代の食用植物—炭化種子及び種子圧痕について—」『かながわの考古学』6:39-58

◉横浜市ふるさと歴史財団 2004『杉田東漸寺貝塚発掘調査報告』

◉横浜市ふるさと歴史財団埋蔵文化財センター　1994『大塚遺跡Ⅱ』港北ニュータウン地域内埋蔵文化財調査報告書 15

◉横浜市ふるさと歴史財団埋蔵文化財センター 2009『北川表の上遺跡』港北ニュータウン地域内埋蔵文化財調査報告書 42

◉横浜市埋蔵文化財センター 1991『大塚遺跡Ⅰ』港北ニュータウン地域内埋蔵文化財調査報告書 12

◉横浜市埋蔵文化財センター 1992『上の山遺跡』港北ニュータウン地域内埋蔵文化財調査報告書 13

第 4 章

◉綾部園子 2008「インディカ米とジャポニカ米の調理特性の比較」『日本調理科学会誌』41(5):283-288

◉安藤広道 1996「南関東における「台付甕形土器」の展開」『鍋と甕　そのデザイン』第 4 回東海考古学フォーラム、pp.46-62

◉石川日出志 2010『農耕社会の成立』シリーズ日本古代史① 岩波新書

◉宇田津徹朗 2014「古代米とはなにか？」『大おにぎり展』p.24

◉宇野隆夫 1996「中世土鍋が意味するもの―形容詞がある土器―」『鍋と甕　そのデザイン』第 4 回東海考古学フォーラム、pp.2-8

◉遠藤英子 2016「再葬墓造営集団と穀物栽培」『SEEDS CONTACT』3:6-11

◉小畑弘己・真邉彩 2014「三内丸山遺跡北盛土出土土器の圧痕調査の成果とその意義」『特別史跡三内丸山遺跡年報』17:22-53

◉狩野敏次 2004『かまど』ものと人間の文化史 117 法政大学出版局

◉神谷美和 2010「稲作景観復元に用いる赤米について―在来品種保存資料にみる“古代米”再考」『古代文化』62(1):21-38

◉木立雅朗 2013「古代の米蒸し調理から中世の炊き干し法炊飯への変化」『日本考古学協会第 79 回総会研究発表要旨』pp.130-131

◉北野博司 2014a「弥生・古墳時代以降の土鍋調理」『考古学ジャーナル』654:19-23

◉北野博司 2014b「お米の食べ方はどのように変わってきたか」『大おにぎり展』p.48

◉國木田大 2017「コラム　放射性炭素年代測定」『横浜に稲作がやってきた !?』pp.52-54 横浜市歴史博物館

◉国立歴史民俗博物館編 2003『歴史を探るサイエンス』

◉小林正史 2014a「ススコゲ観察による弥生・古墳時代の炊飯方法と米タイプの復元―米品種交代仮説の提唱―」『古代文化』66(1):17-38

◉小林正史 2014b「おにぎり文化のひろがり」『大おにぎり展』p.56 横浜市歴史博物館

◉小林正史 2017「鍋の形・作りの変化」『モノと技術の古代史　陶芸編』pp.9-55 吉川弘文館

◉小林正史 2018「総論　古墳時代・古代の米蒸し調理」『物質文化』98:1-19

◉小林正史編 2011『土器使用痕研究』北陸学院大学

◉小林正史編 2017『モノと技術の古代史　陶芸編』吉川弘文館

◉小林正史・北野博司・宇野隆夫 2017「食器―鉢・浅鉢・皿・坏と高坏―」『モノと技術の古代史　陶芸編』pp.59-95 吉川弘文館

◉佐々木由香 2017「土器の「くぼみ」から知る弥生時代の食料事情」『横浜に稲作がやってきた !?』pp.74-75 横浜市歴史博物館

◉佐原　真 1975「農業の開始と階級社会の形成」『岩波講座日本歴史 1』岩波書店

◉佐原　真 1996『食の考古学』東京大学出版会

◉白石哲也・渡辺修一 2018「関東地方の弥生・古墳時代の湯取り法炊飯の変化―西日本との違い―」『日本考古学協会第 84 回総会　研究発表要旨』

◉設楽博己 2014「農耕文化複合と弥生文化」『国立歴史民俗博物館研究報告』185:449-469

◉田中克典・上條信彦 2014「コメの DNA 分析からわかること」『大おにぎり展』p.39

◉田中克典・上條信彦編 2014『日本の出土米 I イネの種子遺存体の形態・DNA 分析結果報告書』冷温帯地域の遺跡資源の保存活用促進プロジェクト研究報告書 3、弘前大学人文学部北日本考古学研究センター

◉小泉翔太・田中克典・上條信彦 2018『日本の出土米 III 佐藤敏也コレクションの研究 2』弘前大学人文学部北日本考古学研究センター

◉外山政子 2018「東日本の竈構造と構成要素再考：東西日本の煮炊きの違いを考えるために」『物質文化』(98):21-40

◉中沢道彦 2017「日本列島における農耕の伝播と定着」『季刊考古学』138:26-29

◉間壁葭子 1991「米の食べ方―蒸すと炊く―」『考古学ジャーナル』337:25-30

◉ OBATA H., MORIMOTO K., and MIYANOSHITA A. 2018 Discovery of the Jomon era maize weevils in Hokkaido, Japan and its mean. Journal of Archaeological Science. 23:137-156.

トピックス　炭化種実塊から見た穀類利用

◉大田区教育委員会 2001『久原小学校内遺跡』大田区の埋蔵文化財 15 集

◉埼玉県埋蔵文化財調査事業団 2016『大平遺跡：桶川市』埼玉県埋蔵文化財調査事業団報告書第 424 集

◉佐々木由香・バンダリ スダルシャン・米田恭子・村田健太郎・小石川篤 2009「北川表の上遺跡出土炭化種実同定および炭化種実塊の X 線 CT 画像解析による検討」『北川表の上遺跡』pp.423-435

◉佐々木由香 2017「弥生時代の稲」『土器から見た大田区の弥生時代―久ヶ原遺跡発見、90 年―』大田区立郷土博物館

◉パレオ・ラボ 2015「SI110 出土炭化種実同定」『赤坂遺跡 III』pp.182-193 青森県教育委員会

◉パレオ・ラボ 2018a「沢部（1）遺跡から出土した炭化種実塊の構造分析」『沢部（1）遺跡』pp.243-247 青森県埋蔵文化財調査報告書第 593 集 青森県教育委員会

◉パレオ・ラボ 2018b「熊沢溜池遺跡出土の炭化種実塊の表面観察と X 線 CT 画像解析による構造分析」『熊沢溜池遺跡・上野遺跡 III・郷山前村元遺跡』pp.213-223 青森県埋蔵文化財調査報告書第 591 集 青森県教育委員会

◉パレオ・ラボ 2018c「郷山前村元遺跡から出土した炭化種実と炭化種実塊」『熊沢溜池遺跡・上野遺跡 III・郷山前村元遺跡』pp.224-227 青森県埋蔵文化財調査報告書第 591 集 青森県教育委員会

◉笛吹市教育委員会 2015『前付遺跡・大祥寺遺跡』笛吹市文化財調査報告書第 31 集 笛吹市教育委員会

おにぎりの文化史　おにぎりはじめて物語

2019年4月20日　初版印刷
2019年4月30日　初版発行

監　修 ――――――――――横浜市歴史博物館

発行者 ――――――――――小野寺優

発行所 ――――――――――株式会社河出書房新社

〒151-0051　東京都渋谷区千駄ヶ谷2-32-2
電話　03-3404-1201（営業）
　　　03-3404-8611（編集）
http://www.kawade.co.jp/

企画・構成 ――――――――盛田真史

イラスト ―――――――――もりのぶひさ

装丁・本文デザイン ―――――阿部ともみ［ESSSand］

印刷・製本 ――――――――三松堂株式会社

Printed in Japan
ISBN978-4-309-22761-0